“十二五”国家重点图书出版规划项目

文化系列

河北师范大学史话

A Brief History of Hebei Normal University

王运敏　孙鑫煜　编著

《中国史话》编辑委员会

《河北师范大学史话》编辑委员会

编　　著　王运敏　孙鑫煜

总 序

中国是一个有着悠久文化历史的古老国度，从传说中的三皇五帝到中华人民共和国的建立，生活在这片土地上的人们从来都没有停止过探寻、创造的脚步。长沙马王堆出土的轻若烟雾、薄如蝉翼的素纱衣向世人昭示着古人在丝绸纺织、制作方面所达到的高度；敦煌莫高窟近五百个洞窟中的两千多尊彩塑雕像和大量的彩绘壁画又向世人显示了古人在雕塑和绘画方面所取得的成绩；还有青铜器、唐三彩、园林建筑、宫殿建筑，以及书法、诗歌、茶道、中医等物质与非物质文化遗产，它们无不向世人展示了中华五千年文化的灿烂与辉煌，展示了中国这一古老国度的魅力与绚烂。这是一份宝贵的遗产，值得我们每一位炎黄子孙珍视。

历史不会永远眷顾任何一个民族或一个国家，当世界进入近代之时，曾经一千多年雄踞世界发展高峰的古老中国，从巅峰跌落。1840 年鸦片战争的炮声打破了清帝国“天朝上国”的迷梦，从此中国沦为被列强宰割的羔羊。一个个不平等条约的签订，不仅使中国大量的白银外流，更使中国的领土一步步被列强侵占，国库亏空，民不聊生。东方古国曾经拥有的辉煌，也随着西方列强坚船利炮的轰击而烟消云散，中国一步步堕入了半殖民地的深渊。不甘屈服的中国人民也由此开始了救国救民、富国图强的抗争之路。从洋务运动到维新变法，从太平天国到辛亥革命，从五四运动到中国共产党领导的新民主主义革命，中国人民屡败屡战，终于认识到了“只有社会主义才能救中国，只有社会主义才能发展中国”这一道理。中国共产党领导中国人民推倒三座大山，建立了新中国，从此饱受屈辱与蹂躏的中国人民站起来了。古老的中国焕发出新的生机与活力，摆脱了任人宰割与欺侮的历史，屹立于世界民族之林。每一位中华儿女应当了解中华民族数千年的文明史，也应当牢记鸦片战争以来一百多年民族屈辱的历史。

当我们步入全球化大潮的21世纪，信息技术革命迅猛发展，地区之间的交流壁垒被互联网之类的新兴交流工具所打破，世界的多元性展示在世人面前。世界上任何一个区域都不可避免地存在着两种以上文化的交汇与碰撞，但不可否认的是，近些年来，随着市场经济的大潮，西方文化扑面而来，有些人唯西方为时尚，把民族的传统丢在一边。大批年轻人甚至比西方人还热衷于圣诞节、情人节与洋快餐，对我国各民族的重大节日以及中国历史的基本知识却茫然无知，这是中华民族实现复兴大业中的重大忧患。

中国之所以为中国，中华民族之所以历数千年而不分离，根基就在于五千年来一脉相传的中华文明。如果丢弃了千百年来一脉相承的文化，任凭外来文化随意浸染，很难设想13亿中国人到哪里去寻找民族向心力和凝聚力。在推进社会主义现代化、实现民族复兴的伟大事业中，大力弘扬优秀的中华民族文化和民族精神，弘扬中华文化的爱国主义传统和民族自尊意识，在建设中国特色社会主义的进程中，构建具有中国特色的文化价值体系，光大中华民族的优秀传统文化是一件任重而道远的事业。

当前，我国进入了经济体制深刻变革、社会结构深刻变动、利益格局深刻调整、思想观念深刻变化的新的历史时期。面对新的历史任务和来自各方的新挑战，全党和全国人民都需要学习和把握社会主义核心价值体系，进一步形成全社会共同的理想信念和道德规范，打牢全党全国各族人民团结奋斗的思想道德基础，形成全民族奋发向上的精神力量，这是我们建设社会主义和谐社会的思想保证。中国社会科学院作为国家社会科学研究的机构，有责任为此作出贡献。我们在编写出版《中华文明史话》与《百年中国史话》的基础上，组织院内外各研究领域的专家，融合近年来的最新研究，编辑出版大型历史知识系列丛书——《中国史话》，其目的就在于为广大人民群众尤其是青少年提供一套较为完整、准确地介绍中国历史和传统文化的普及类系列丛书，从而使生活在信息时代的人们尤其是青少年能够了解自己祖先的历史，在东西南北文化的交流中由知己到知彼，善于取人之长补己之短，在中国与世界各国愈来愈深的文化交融中，保持自己的本色与特色，将中华民族自强不息、厚德载物的精神永远发扬下去。

《中国史话》系列丛书首批计200种，每种10万字左右，主要从政治、经济、文化、军事、哲学、艺术、科技、饮食、服饰、交通、建筑等各个方面介绍了从古至今数千年来中华文明发展和变迁的历史。这些历史不仅展现了中华五千年文化的辉煌，展现了先民的智慧与创造精神，而且展现了中国人民的不屈与抗争精神。我们衷心地希望这套普及历史知识的丛书对广大人民群众进一步了解中华民族的优秀文化传统，增强民族自尊心和自豪感发挥应有的作用，鼓舞广大人民群众特别是新一代的劳动者和建设者在建设中国特色社会主义的道路上不断阔步前进，为我们祖国美好的未来贡献更大的力量。

陈奎元

2011年4月

出版说明

自古至今，始终坚持不懈地从漫长的文明进程中不断总结历史经验教训，从中汲取有益营养，从而培植广阔的历史视野，并具有浓厚的历史意识，这是我们中国文化独有的鲜明特征，中华民族亦因此而以悠久的“重史”传统著称于世。在整个人类文明史上独一无二、系统完备的“二十四史”即证明了这一点。

中华人民共和国成立后，历史知识普及工作被放到十分重要的位置。20世纪五六十年代，著名历史学家吴晗主持编写的《中国历史小丛书》，90年代中国社会科学院院长胡绳组织编写的《中华文明史话》和《百年中国史话》，成为“大家小书”的典范，而后两套历史知识普及丛书正是《中国史话》之缘起。

2010年年初，为切实贯彻中央关于“做好历史知识普及工作”的指示精神，同时也为了更好地弘扬中国传统文化，我们对《中华文明史话》和《百年中国史话》

两套丛书的内容进行了修订和增补，重新设计框架，以“中国史话”为丛书名出版。第十一届全国政协副主席、时任中国社会科学院院长陈奎元亲任《中国史话》一期编委会主任，时任中国社会科学院副院长武寅任编委会副主任。正是有了各级领导的关心支持和诸多学术名家的积极参与，《中国史话》一期200种图书得以顺利出版，并广受好评。

《中国史话》丛书的诞生，为历史知识普及传播途径的发展成熟，提供了一种卓具新意的形式。这种形式具有以通俗表述、适中篇幅和专题形式展现可靠历史知识的特征。通俗、可靠、适中、专题，是史话作品缺一不可的要素，也是区别于其他所有研究专著、稗官野史、小说演义类历史读物的独有特征。

囿于当时条件，《中国史话》一期的出版形式不尽如人意，其内容更有可以拓展的广阔空间，为此2013年4月我们启动了《中国史话》二期出版工作。《中国史话》二期分为经济、政治、文化、社会和生态五大系列，拟对中国各区域、各行业、各民族等的发展历史予以全方位介绍。我们并将在适当时机，启动《世界史话》的出版工作。史话总规模将达数千种。

我们愿携手海内外专家学者，将《中国史话》《世界史话》打造成以现代意识展现全部人类历史和人类文明，集学术性、知识性、趣味性于一体的“万有文库”；并将承载如此丰厚内容的史话体写作与出版努力锻造成新时期独具特色的出版形态。

希望史话丛书能在形塑民族历史记忆、汲取人类文明精华、培育现代国民方面有所贡献，并为广大读者所喜爱。

史话编辑部

2014 年 6 月

目录
Contents

河北师范大学起源于1902年创建于北京的顺天府学堂和1906年创建于天津的北洋女师范学堂。时值清朝末年，饱受帝国主义列强蹂躏的中国，国力衰败，生灵涂炭。先觉的有识之士认为，中国衰弱的主要原因在于教育，“欲任天下之事，开中国之新世界，莫亟于教育”，“非兴学不能育人，非育人不能兴国”。在这股清末新政教育救国的洪流中，河北师范大学艰难启程了。1902年，在顺天府尹陈璧等人多番奔走吁请之下，几经变故，终于确定校址、建校招生，以官方名义创办的新式学堂——顺天中学堂诞生了。四年后的1906年，中国近代教育家、清政府天津女学事务总理傅增湘，在天津河北三马路三才里西口创办了公立北洋女师范学堂。自此，河北师范大学的两脉源流开启了波澜壮阔的百年画卷。

建校以来，两脉源流几经更名、改制、融合、分离，终于1996年5月汇集一流，由地处省会石家庄的原河北师范大学、河北师范学院、河北教育学院、河北职业技术师范学院合并，组建成新的河北师范大学。其间，学校办学层次不断提升，由起初的中学堂、女子师范，发展为涵盖专科、本科、研究生，学士、硕士、博士的全系列多层次教育。目前，本科专业达103个；博士学位授权一级学科8个，可招收培养博士生的专业50余个；硕士学位授权一级学科26个，可招收培养硕士生的专业130余个。学科专业覆盖哲学、经济学、法学、教育学、文学、历史学、理学、工学、管理学、艺术学等十大学科门类；现有国家重点学科1个，博士后科研流动站8个，河北省高校强势特色学科4个，省级重点学科14个，省级重点实验室7个。办学规模不断扩大，全日制在校生数量由初创时期的数十人增至2015年初的25947人；设有21个专业学院、1个独立学院（汇华学院）；在职教职工2818名。办学类型已由单一的师范教育学校转型为多学科、综合性的省部共建大学。学校113年的办学史见证了中国高等师范教育发展的历史进程。

学校始终坚持“怀天下，求真知”的办学理想。一大批名家大师先后受聘到校任教。他们中有中国女性先觉者吕碧城，中国新地理学开启者白眉初，爱国教育家马千里，中国近代音乐教育奠基人李恩科，音乐家丁善德，剧作家及戏剧教育家曹禺，小说家及散文家孙犁，画家李苦禅、孙奇峰，社会活动家萨空了，历史学家张恒寿，以及在河北师范大学成长起来的中国科学院院士孙大业，等等。正是在他们的引领下，河北师范大学形成了经世致用的学术传统。在从事教学与学术研究的同时，师大人常以天下为己任，关注社会现实，重视把学识以“力行”的方式，付诸实践，贡献社会。前身学校在历史上曾首开贫民教育、女子教育、职业教育之先河，倡行学术研究以社会急需为前提。合并后新的河北师范大学在全国首创三教并举、培养培训一体化的教育创新模式。先贤的兴学实践，既植根于社会现实之土壤，又不失人文追求之理想；既承续中国深厚的文化血脉，又播撒西学格物致知的科学逻辑。在极具特色的办学理念与治学方略中，不仅有教育家对教育理想的追求，更有其所肩负的对国家前路、对民族兴亡的深切关怀，无不体现着师大学人关注社会、学问有益于国家的情怀。走进21世纪的河北师范大学，秉承了经世致用的学术传统。2006年3月开始实施的师范生顶岗实习支教工程，开创了教师教育的新模式。2009年，国务委员刘延东曾两次做出批示，予以肯定。温家宝同志于2014年5月再次来到河北师大学生顶岗实习支教的兴隆县六道河中学，走进顶岗实习生马丽莎同学的地理课堂听课，称道“很好，就这样上！”由在校大学生志愿者组成的“爱心家教”团队，爱心接力，薪火相传，坚持十年如一日，对下岗职工家庭及因病失学的儿童实施教育援助，荣获“善行河北——2012年感动校园人物”称号。2013年6月，国务院总理李克强在教育部部长袁贵仁的陪同下，来到河北师范大学视察毕业生就业工作，充分肯定了学校引导毕业生到基层建功立业的成功经验。

走过113载的河北师范大学，在“怀天下，求真知”办学理念的指引下，为国家和社会培养并输送了20多万名专业人才。他们中有的成为国家领导人、企业精英、社会名流，有的成为著名学者、科学家、教育家、特级教师。一代代师大学子怀揣报国之志，踏出校门走向社会，在各自岗位上做出了非凡业绩；数以万计的毕业生，在高等教育、职业教育和基础教育岗位，在实现中华民族伟大复兴“中国梦”的各条战线，辛勤耕耘，建功立业。

发端于中国近代最早的兴学浪潮之中的河北师范大学，在一个多世纪曲折前行的历程里，凝聚了独具特色的大学精神与大学文化。我本人来河北师范大学工作时间虽然不长，但品鉴河北师大百十余年的华彩乐章，无不为其文脉渊源之深邃所震撼。正是师大人对传承文明薪火的使命担当、对人类本体价值的终极关怀、对社会进步的深切关注，以及对教育发展的执着探究，生动而深刻地揭示了这所百年学府所蕴含的天下襟怀、求真品格与进取精神，并使之成为中国近现代教育发展史上一支最为活跃的力量，激励着我们不断前行。本书采用史话形式，通过对河北师范大学百十余年来史料的整理，对发展现状的呈现和对未来发展蓝图的勾勒，以学校历史上重大事件、重要人物为线索，为读者了解河北师范大学百十余年的历史沿革脉络，以及河北师大大学文化积淀和大学精神养成，提供了一幅清晰的文化图谱。

在此，我们要特别感谢以陈奎元先生为主任的编委会组织编写“中国史话”丛书，并将《河北师范大学史话》列入其中。这既是对师大学人的褒奖，也是对师大人砥砺前行的鼓舞和鞭策，必将产生积极而深远的影响。

赵月霞

2016 年 5 月

一　学校的发端与历史脉络

河北师范大学是1996年5月由原河北师范大学、河北师范学院、河北教育学院、河北职业技术师范学院4所院校合并组建而成。其前身是1902年在北京创建的顺天中学堂和1906年在天津创建的北洋女师范学堂，以及新中国成立后建立的河北教育学院、河北职业技术师范学院。学校在110余年的发展长河中，曾几度融汇，历经沧桑。

1　创办初期的河北师范大学（1902~1949）

河北师范大学的两支源流：1902年创办于北京的顺天中学堂、1906年创办于天津的北洋女师范学堂，都是伴随着新教育制度的产生而创办的新式学校。

从顺天中学堂到河北高中

顺天中学堂属于官立学校，1902年3月在原西文东文学堂的基础上借地开学。当年秋天，正式移址地安门外兵将局。

顺天中学堂老校门

顺天府尹奏派学堂监督（校长）对学堂进行管理。办学经费来自地方政府，生均经费当时居京师各学堂之首。课程依教学媒介语来划分，大致包括两类：一类是以汉语讲授的国文、经学、中国历史、地理等；另一类为以英语讲授的英文、算学、格致（物理）、外国历史、地理、经济学等。此外还开设体操课、法文和日文（后增设）。学堂除招收本府籍学生外，也招录一定数量的外省籍在京士子。学堂还不拒贫家子弟，允许农工学堂中“尤为特出者”入学堂深造，是当时京城最有影响的学堂之一。到1906年10月，顺天中学堂拥有教员、职员各13名，学生122名，共4个班级。顺天中学堂虽以中学堂冠名，但至此已具高等学堂性质。

1907年4月5日，光绪皇帝批准奏折，顺天中学堂正式改

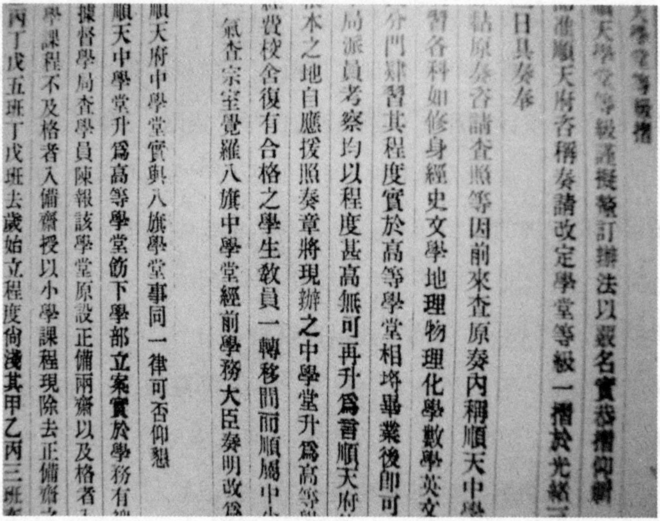
天學堂等級摺
順天學堂等級謹擬釐訂辦法以覈名實恭摺仰祈
准順天府咨稱奏請改定學堂等級一摺於光緒
日具奏奉
批原奏咨請查照等因前來查原奏內稱順天中學
習各科如修身經史文學地理物理化學數學英文
分門肄習其程度實於高等學堂相埒畢業後即可
局派員考察均以程度甚高無可再升爲晉順天府
本之地自應援照奏章將現辦之中學堂升爲高等
經費校舍復有合格之學生教員一轉移間而順屬中
氣查宗室覺羅八旗中學堂經前學務大臣奏明改爲
順天府中學堂實與八旗學堂事同一律可否仰懇
順天中學堂升爲高等學堂飭下學部立案實於學務有
據督學局查學員陳報該學堂原設正備兩齋以及格者
學課程不及格者入備齋授以小學課程現除去正備齋
丙丁戊五班丁戊班去歲始立程度尚淺其甲乙丙三班

申请改建顺天高等学堂奏折

称顺天高等学堂。改制高等学堂后，学堂在完善教育教学设备的同时，也培育了一大批治学之人。梁漱溟于顺天高等学堂毕业后，自学不止，因学问深厚被蔡元培聘为北京大学教授，一时传为佳话；而当年与梁漱溟同学的张申府、汤用彤、李继侗、郑天挺等人，后来都成为学术界知名人士。

1912 年中华民国建立，改学堂为学校，改监督为校长。1913 年 2 月，顺天高等学堂改为京兆公立第一中学，学校定校训为“勤劳俭朴”。1925 年，学校改名为京兆高级中学。这一时期，学校在办学风格和办学主旨上，既注重“开智”，又注重“育人”。勤劳俭朴所含有的勤勉素朴的意识观念和向善克己的行为实践，成为学校师生的群体共识和主导性意志。1928 年，京兆高级中学划归河北省，学校改名为河北省立第十七中学。1932 年，时任校长张仁山提出“坦白、活泼、勇敢、负责”八字校训。校训高度凝练了学校为国家民族培育英才的教育宗旨，营造了自由活泼的学术氛围，鼓舞激励师生主动学习、自觉探索科学的导向，以及对国家和社会强烈的责任意识和积极的担当精神。1933 年，学校奉命专办高中，改名为河北省立北平高级中学。学校以“自由、朴实”为校训，学生素以“诚朴”为尚，并以此享誉教育界。这一时期，时局比较稳定，学校经过大力整顿，办得很有特色，有“全国第二”之誉。1938 年，学校改名为河北省立北京高级中学。1940 年，改名为北京市立高级中学。抗战胜利后，学校恢复河北省立北平高级中学的校名。1949 年，更名为河北北京高级中学。

从北洋女师到省立女师

河北师范大学的另一支源流——北洋女师范学堂，创建于 1906 年 6 月 13 日，创办人是中国近代著名教育家、清政府天津女学事务总理傅增湘。地址最初设在天津河北三马路三才里西口，年底迁入三马路原客籍学堂旧址。

北洋女师范学堂是中国建立最早的公立女子师范学堂。开始为简易科，学制一年半。后来改为完全科，学制四年，因上本科前还要上一年预科，所以实际为五年毕业。学堂治学严谨，管理严格。

学堂初创时，规模很小，租用少数民房作为校舍。1910 年 7 月，傅增湘辞去学堂总理职务，学堂提调吴鼎昌接任，改称监督。同年，学堂迁到河北区天纬路新堂址，校舍有所增

1906 年北洋女师范学堂成立纪念

添，同时增设了供学生实习用的附属小学。

1912 年春，学堂改名为北洋女师范学校。同年 8 月，张相文接替吴鼎昌任校长。同月，又由李家桐接替张相文任校长。1913 年 5 月，学校改为省立，更名为直隶女子师范学校。同年 8 月，北洋高等女子学堂（相当于高级小学）划归学校，改名为附属女子中学。1914 年 7 月，天津劝学所的蒙养园拨归学校，成为其附属幼稚园。1915 年 11 月，李家桐因病请辞，学校遂聘南开学校校长张伯苓代理校长职务。1916 年 1 月，校名改为直隶第一女子师范学校，由齐国樑任校长。校训由“诚”“淑”两部分组成，诚的具体规定为勤朴、奋勉，淑的具体规定为娴婉、爱敬。这部校训具有明显的时代特征，反映了清末“新政”时期，女子走出家庭，求新学、求新知的教育进步。1928 年 9 月，校名改为河北省立第一女子师范学校。女师的师资及教学设备在当时位居全国前列：各科教师大多是名家；图书馆规模也比较大，藏书较多；物理、化学、生物等各种实验室设备都比较先进。从 1906 年建校到 1928 年的 22 年间，师范简易科毕业生 107 人，师范本科毕业生 698 人，师范讲习科和家事专修科毕业生 44 人。学校为社会输送了一大批优秀人才，其中就有邓颖超、刘清扬、郭隆真、白雅雨等革命家和社会活动家，以及许广平、张若茗、罗兰、周仲铮、张秀亚、凌叔华等文化名人和著名作家。

1929 年 6 月，在校长齐国樑的积极倡议下，经河北省政府会议议决：在第一女师内增设河北省立女子师范学院，齐国樑校长兼任院长。学院初建时，设国文和家政两个系，各招生一个班。1930 年暑假又增设了英文、史地两个系，各招收新生一个班。是年还添招幼稚师范学生两个班，为幼儿教育培养师资。学院增设后，院校并立，给学校工作带来诸多不便。经呈准，从 1930 年 9 月起，将院校合并，以学院为总校名，分设学院、师范、中学、小学、幼稚园五部。至此，从幼稚园到附小、中师、高师，河北省立女子师范学院建成了一个完整的教学体系。

1931 年，学院又增设教育、音乐（附设体育）两个系。1933 年，学院制定了“崇实、明理、守法、合作”四项新院训，以实植根、以实立校、诚朴向学为女师之精神奠基和理想追求。到 1937 年 7 月，学院设有国文、英文、史地、教育、家政、音乐、体育等 7 个系 28 个班，师范部 12 个班，中学部

6个班，小学部12个班，幼稚园部3组，总计学生2000余人。毕业生遍及各省，学院声誉大振，成为当时全国唯一一所实施完整女子教育的著名学府。

河北省立女子师范学院

1937年7月，河北女师在战争中遭到严重破坏，被迫停办。同年8月，齐国樑带领少数师生辗转到西安。9月，与北平大学、北洋工学院、北平师范大学等学校组成西安临时大学。1938年4月，为躲避日本飞机的轰炸，学校迁到城固，同时校名改称国立西北联合大学。1939年8月，西北联大改名为国立西北大学，设文、理、法商三个学院，师范学院和医学院独立，师范学院改称国立西北师范学院，校址在城固。同年，师院增设了公民训育系和博物系，全院共有10个系1个科。1941年，在兰州黄河北岸十里店设立国立西北师范学院兰州分院，由齐国樑任分院主任。从此，城固本院不再招生，而改由兰州分院招收新生。1942 年，西北师院本部由城固迁到兰州，城固改为分院。1944 年 11 月，城固分院师生全部迁到兰州。在西北的几年，虽办学条件差，又多次迁移，但西北联合大学教育学院、师范学院秉承“实事求是、埋头苦干”的校风，展现的不屈不挠的职业精神，艰苦卓绝的求生信念，实事求是、正直正义的办学理念，却成为今天最宝贵的精神财富。

1945 年 8 月，抗日战争胜利，河北省政府复原回天津。同年 11 月，省教育厅派河北女师前庶务主任李荫珂为接收员，接受天津校产。1946 年 1 月，省教育厅又任命李荫珂为筹备主任，筹备复校事宜。同年暑期后，女师正式在天津河北区天纬路原址复校，院长仍为齐国樑，校名仍为河北省立女子师范学院。

2 新中国成立初期的河北师范大学（1949～1966）

1949 年新中国成立后，教育发展的需要与师资短缺的矛盾日益突出，河北省人民政府决定发展师范教育。河北师范大学的两脉源流学校积极探索新时期高师教育的办学模式和办学思路，迎来了发展的第一个黄金时期。

1956 年前学校两脉在天津、北京的独立发展

1949 年 8 月，地处天津的河北省立女子师范学院改称河北师范学院。当年，国立国术体育师范专科学校并入，学校开始男女兼收。同时，家政系合并到教育系，教育系设教育科

学、幼稚教育两组；国文系改为文史系，设国文、历史两组；音乐系改为音乐艺术系，设音乐、戏剧、美术三组。同年9月，原河北省立女子师范学院附属师范学校划给天津市。

20世纪50年代地处天津的河北师范学院

河北女师改称河北师范学院后，由河北省人民政府主席杨秀峰兼任院长，河北省文教厅副厅长李继之兼任副院长，主持工作。1950年7月，增设理化系。1951年，理化系分为数学、物理、化学3系，音艺系分为音乐、美术2系，并开始筹建地理系。1952年，文史系调整为中文、历史2系，俄文、体育、中文、历史、地理、音乐6系设立了专修科。同年夏，杨秀峰调任高教部部长，李继之担任院长。1954 年，学院又增设了政治教育系、外语系。

经过新中国成立初期的接管、改造和一系列教育改革，到 1956 年 8 月，学院已发展成为一所男女兼收，设有教育、历史、外语、政教、中文、音乐、美术、体育、数学、物理、化学、地理 12 个系，师生员工总数达 2100 多人的新型高等学府。全院教职工 564 人，其中教师 288 人（教授 18 人、副教授 41 人、讲师 76 人、教员 30 人、助教 123 人），干部 168 人，工人 108 人。先后来校任教的教师有朱星、胡毅、滕大春、王培祚、张述祖、杨铭、江涛声、柴景旭、刘世藩、汪集生、王家猷、刘锦江、高云程、翟毓明、邢士泽、刘世宗、李光弼、翟凤止、刘竞存、邓绶林、张长清、刘芗甫等。当时教育系的教师阵容比较强大，刘文修、韩温冬、郝荫普、许椿生、张述祖、胡毅、滕大春、王培祚 8 人，有“八大教授”之称。

在河北师范学院快速发展的同时，河北省的另外一所高等师范院校也得以建立。为解决中学理科师资不足的问题，1951 年 6 月，河北省人民政府决定将河北北京高级中学改为河北师范专科学校，同年暑假开始招收新生。校长由文教厅副厅长李继之兼任。

河北师范专科学校在成立之初，组建了数学、理化、生物三科及校办室、教学、学生管理等机构，组建了统一的“河北师专、河北高中党支部”，首先开办了一年制的速成高师。1951 年暑假招收第一批新生 134 名，不久又接收了全省 320 名进修生。1952 年暑假后，理化科分为物理、化学两科，学制仍为一年。1953 年春，高中部分迁出，改为河北北京中学。1953 年暑假后，学制改为两年。1951～1956 年，是河北师专迅速发展的 5 年。“团结、进步、苦学、朴素”的优良风气，为学校的进一步发展奠定了基础。学校初步建立了新型高师教育教学体系。

到 1956 年，河北省形成了两所高等师范院校：设在天津的河北师范学院和设在北京的河北师范专科学校。当年，两所院校共有在校生 2056 人（其中本科生 1218 人，专科生 838 人），教职工 759 人，专业教师缺额 12 人，为河北高等师范教育的发展奠定了基础。

1956 年高校布局调整

1956 年，河北省人民政府对高等院校布局进行调整，河北师范学院和河北师范专科学校两所院校实现了首度交融，并由此形成了河北省高等师范教育的新格局：河北北京师范学院（原河北师范学院前身）、石家庄师范学院（原河北师范大学前身）、河北天津师范学院（后划归天津市）。

这次调整始于 1953 年。为了大量培养中等学校师资，1953 年 11 月 30 日，教育厅通知：省政府已决定将河北师范学院与河北师范专科学校合并，在北京重建新校。

1954 年初，新校在北京市西郊开建。1955 年，教育部决定将建设中的新校舍移交给北京师范学院，河北师范学院在石家庄市另选新址建设。省政府经研究后，拟定在石家庄市新建师范学院，并确定该院发展规模为 4000 人。石家庄市人民政府批给600余亩建筑用地，1955年冬季开始施工。1956年7月7日，河北师范学院下达《关于迁往石家庄新校有关问题的通知》。经过全体师生的共同努力，在不到一个月的时间里，学院顺利完成了搬迁任务。一所新的师范学院在石家庄诞生，石家庄市也实现了高等教育机构设置为零的突破。

1956年8月，经国务院批准，地处北京的河北师范专科学校扩建，改为河北北京师范学院，数学科改建为系，与生物

1956年河北北京师范学院校门前师生合影

科一起并入石家庄师范学院。为适应学校发展需要，在周恩来总理的亲自关怀下，河北北京师范学院在地安门外小黄庄购地249亩，建设新校区。同时，在中共河北省委和北京市委的支持下，学院大批调入教师、教辅人员和管理干部，仅1956年下半年，就新增教职工54名。

这次院校调整，使得河北师范大学的两股源流实现了首度交融。“河北师范学院”更名为“河北天津师范学院”，“河北师范专科学校”更名为“河北北京师范学院”，石家庄新建的师范学院命名为“石家庄师范学院”。至此，河北省完成了20世纪50年代的高等师范院校调整任务。

1956年后到“文革”前北京和石家庄两所高师院校的发展

经过1956年的调整，除河北天津师范学院外，河北形成了拥有北京、石家庄南北两所本科师范大学的局面。到“文革”之前，虽然历经了“反右”“大跃进”“反右倾”等运动，但两所院校都有了长足发展，成为河北省高等师范教育的骨干。

河北北京师范学院组建后，提出了“学校的中心工作是教学，所有干部和工勤人员都要树立为教学服务的思想”，积极开展师资培训和科研工作。1957年，化学科改建为系，并建立了中文系。1958年，物理科改建为系。同年，河北天津师范学院的中文、历史两系并入，新增教职工135名，学生594名，图书资料10余万册，历代珍贵文物1000余件。由于河北天津师范学院源于1906年创建的北洋女师范学堂，其中文、历史两系办学时间长、学术积淀深厚。两系的并入，极大地壮大了河北北京师范学院的实力。1959年，建外语系。

1960年，华北人民大学的党史、哲学、政治经济学3个专业共141名学生及部分教职工移交河北北京师院，组建了政治系（1962年改为政教系）。1960年，经教育部批准，中文系正式开始招收古典文学研究生。此时，学院已有中文、历史、政治、外语、数学、物理、化学7个系，在校生3500多人，加上各类进修生、函授生，已近8000人，具有了较大规模。1962年，学院又接收北京铁道师范学院173名学生。

到1966年，学院教职工人数已由1956年的158人发展到779人；学科专业由1956年的3个专科，发展到中文、历史、政教、外语、数学、物理、化学7个系；全日制学生由1956年的454人，发展到2493人；校舍建筑面积由1956年的9510.3平方米，发展到90768平方米。河北北京师范学院建院十年来，系科设置、办学层次、办学规模及综合实力，都得到飞速发展，在北京高校林立的环境中，获得了独特的地位和认可。

石家庄师范学院建院初期，设数学、物理、化学、地理、生物、体育6个系，以及马列、外语、体育3个公共教研室，有教职工557人，在校学生1684人。暑期开学后，学校设立了函授部，在数学、物理、化学、生物、地理5科招生。1956年11月，石家庄市第五中学划归学校，成为附属中学。之后，学校相继建立了附属小学和幼儿园。1957年暑假后，增设生物、地理、体育3个专修科。1959年，增设外语系，设俄语、英语2个专业，地理系专科停止招生。1960年8月，石家庄师范学院正式更名为石家庄师范大学，同年增设中文、历史2个系。1962年6月9日，石家庄师范大学更名为河北师范大学，

20 世纪 50 年代后期的石家庄师范学院

全国人大常委会副委员长郭沫若题写了校名。

1961 年以后，学校坚持教学为主的办学方针、面向中学培养基础教育师资的培养模式，认真抓好基础知识、基本理论、基本技能为核心的“三基”教学。1961 年 11 月，石家庄数学、物理、生物、地理四个学会在学校举行成立大会，彰显了学校的学术实力。学校分别于 1959 年 8 月、1962 年 2 月、1965 年 12 月，召开了三届党代会，1961 年成立了校务委员会。经过十年的发展，1966 年的河北师范大学，已成为学科比较齐全的高等师范院校。

3 “文革”期间的河北师范大学（1966～1976）

“文化大革命”对于任何一所高校来说，都是一场灾难。河北北京师范学院和河北师范大学也不例外，广大干部和教师遭受各种打击迫害，办学秩序被严重破坏。在这样的情况下，广大教职员工为学校事业的发展，付出了更艰辛的努力。

河北北京师院迁往张家口宣化

1966 年 6 月，“文化大革命”开始，河北北京师范学院学生停课“闹革命”，学校停止招收新生（自此五年未招生），学校的正常工作陷入瘫痪状态。1967 年，动乱愈演愈烈。1968 年 8 月，1966、1967 两届毕业生离校。8 月下旬，“河北北京师范学院革命委员会”成立。9 月底，学院成立了“群众专政小组”，开展“清理阶级队伍”工作。年底，1968 届毕业生离校，学院仅剩下 1965 年入学的学生。1969 年，学校迁往张家口宣化。

1966 年初，中共河北省委、河北省人民委员会做出了把河北北京师范学院迁往张家口地区宣化国营农场的决定，并提出了建成“三化”（即大众化、村落化、乡土化）型新师院的目标。当即，开始了新校舍的建设。1967 年底，完成了包括农场在内的 5 个“村”的建设，建筑面积达 54500 平方米；因资金不足，尚有部分配套工程没有完成。1969 年 11 月 7 日，搬迁开始，学院教职工包括家属 300 多户 1200 余人、学生 611 人，以及家具、设备、图书等分三批陆续迁出北京。在搬迁过

1967 年的河北北京师范学院

程中，许多仪器、图书、设备遭到破坏和遗弃。宣化条件很差，有的病弱老教师病情加重，甚至过早地离世；还有一些教授、副教授因身体健康状况不佳或家庭负担过重而滞留北京。优秀教师和管理人员的流失，是搬迁给学校带来的更大的损失。

学院搬到宣化后，改名为河北师范学院，继续进行“文化大革命”，尚未毕业离校的 1969 届学生和部分干部、教师被分派到张家口地区农村参加“斗、批、改”。1970 年 5 月，学院设政史、语文、外语、工业基础、农业基础、数学等 6 个系（未招生）；10 月，又成立了文体系（含体育、音乐、美术 3 个专业）。1970 年底，学院开始招收新生；当年 12 月，首届 804 名工农兵学员入学，学制为 2 年，分设中文、历史、政教、数学、物理、农机、外语、文体8个系。1971年1月，首届工农兵学员开始上课。从1972年开始，学制改为3年。1971年12月，学院召开第四届党代表大会，选举产生了新的中共河北师范学院委员会，院革命委员会同时存在。1973年，学院对党政机构进行了调整。学院在宣化办学10年，共招收6届工农兵学员4438人，毕业4389人。在宣化办学10年间，教职工一直人心不稳，外流严重，成为“文革”的“重灾区”。

“文化大革命”中的河北师范大学

地处石家庄的河北师范大学，于1966年6月4日召开师生员工大会，宣布全校停课，投入“文化大革命”。自此，学校处于失控局面。1968年3月，学校成立“革命委员会”。在“揭阶级斗争盖子”“清理阶级队伍”等“左”的错误路线指导下，学校的政治混乱局面继续，并制造了一批冤假错案。

由于学校停课，“文革”前入学、“文革”中仍在校的四个年级大学生的学业不同程度地受到影响。本应于1966年、1967年、1968年毕业的三届大学生，被迫于1968年8～12月同时离校分配工作，1969届毕业生直到1970年7月才离校分配工作。其间，学校有5年中断招生工作，造成国家人才断档，成为学校发展史上绝无仅有的一次招生倒退。1970年12月，开始恢复招生，但只招收工农兵大学生。“文革”中共招收6届工农兵大学生，计4445人。除首届工农兵大学生实行2年学制外，其余各届学生均实行3年学制。

地处石家庄、宣化的两所学校虽然于1970年恢复招生，但是学校的教育教学并未在正常的教育轨道上运行。教研室被解散，代之以年级教学组，由教师向学生讲授符合“文革”形式的新组拼课程。“以阶级斗争为主课”，让学生参加“批林批孔”“评水浒”等政治运动。实行开门办学，走“以典型任务、典型产品为中心”的路子组织教学，走出校门现场教学，边学习，边实践，边参加社会活动，并“接受工农兵再教育”。“文革”中推行的教学模式，造成了河北师范大学在大学教育方向上的错误和倒退。

尽管“文革”中的教育受到严重损失，但师生在抵制错误教育路线的实践中也创造了一些有益的教学经验和做法。虽然处于不正常的教育环境，但教职工在为教育服务、为工农业生产服务方面，仍然做出了应有贡献。“文革”后期，由于教学中逐渐增加专业知识传授权重，教育质量有所提高。后期的几届工农兵大学生，接受了较为系统的专业知识教育。由于在学习过程中的实践活动较多，加之学校强调招收有实践经验的工农兵大学生，学生在一定程度上积累了社会实践经验，职业技能也有所增强，分析问题和解决问题的实践能力也有所提高。工农兵大学生毕业后，经过再学习、再提高及主观奋斗，在实践中弥补了专业知识缺失问题，成为新时期知识分子队伍中的一个重要组成部分，担负起了国家改革开放新时期所赋予的历史任务。

1976年10月，“文化大革命”宣告结束，河北师范大学和河北师范学院开始了办学的新时期。

马列教研室教师、刘少奇长女刘爱琴（右）辅导学生学习

4 改革开放中的河北师范大学（1976~1996）

1976年10月，“文化大革命”结束，国家进入了新的历史时期，高等教育也迎来了新的春天。在这一发展时期，后来成为新的河北师范大学重要组成部分的河北教育学院和河北职业技术师范学院分别成立，高等师范教育的内涵更加丰富。

改革开放中的河北师范大学

河北师范大学认真贯彻执行党的十一届三中全会精神和中央对教育工作的一系列指示，及时提出了“把学校的工作重点转移到教学、科研方面来，逐步把河北师大办成既是教育中心，又是科研中心的社会主义师范大学”的战略目标。“团结、勤奋、求实、创新”成为广大师生认同的学校风尚。从1976年到80年代初，学校取得了教育恢复期的一系列成果。

一是拨乱反正，落实政策。平反“文化大革命”冤假错案285起；改正1957年错划右派69人；对1959年党内“反右倾运动”中被错误批判和处理的54人予以平反纠正；清理档案材料，解决了600余人的历史遗留问题。加之学校教师职称评定、研究生招生、民主党派活动等的恢复与完善，调动了广大教职工办好学校的积极性。二是教育教学走向正轨，质量逐步提高。学校彻底否定“文化大革命”中的教育路线，按照学科专业要求，设置教学内容和课程体系，使教学符合学科专业的教育规律，并体现师范教育特点。三是活跃学术，发展科研。学校成立了科学委员会，创办《学报》哲学社会科学版，复办自然科学版（1963年创刊），并创办了《外语专刊》。学校发出了“向科学进军”的号召。在较短的时间内，科研人员和教师的科研成果就获得了全国科技大会奖和多项河北省科技成果奖。电教技术研究室、数学研究室、理论物理研究室等16个研究机构应运而生，中国修辞学会、河北省遗传学会等14个学术团体挂靠在学校。1978年10月，学校开始招收研究生。1981年，学校成为国家首批硕士学位授权单位，基础数学、物理化学、理论物理3个专业获国家硕士学位授予权。1981年，学校被河北省人民政府批准为省属重点大学，数学、化学、地理、体育等4个系被批准为河北省高等院校重点系。

20世纪80年代，学校进入改革开放新的历史时期，各项改革逐步深入。在管理方面，学校推行内部管理体制改革，推行教职工代表大会制度（先后召开两次教代会），实行校、系两级管理，逐步放权于系一级办学实体，建立健全了一系列管理制度。在教学方面，实施了一系列改革措施，有重点学科建设、课程评估、师资国内外培养培训、学生学年学分制和中期选拔制度等。在人事方面，主要出台了以“三定一聘一考核”为基本内容的人事制度改革方案，推行了定编定岗定责制度、全员聘任制度等。在科研方面，坚持发挥基础理论研究的优势，坚持基础理论研究与应用技术开发研究并举的科研方针，支持科研人员参与科研单位、企业的科研合作。在后勤方面，探索和推行“经费与任务包干责任制”，之后把企业化管理和市场经济引入后勤，提高服务质量。

1986年6月13日，学校举行了建校80周年庆祝大会。数万名师生员工和来自各地的校友，欢聚在河北体育馆，隆重庆祝河北师范大学80周年华诞。特别令人欣喜和振奋的是，河北师范大学老校友、全国政协主席邓颖超，专程从北京赶来参加母校建校80周年庆祝活动，并在庆祝大会上高兴地发表即席讲话。为表达对邓颖超的尊敬和感谢，两名同学代表全校师生员工和校友，向她敬献花束，并为她佩戴校徽。邓颖超接过

邓颖超回母校参加 80 周年校庆并为母校献花

花束又回赠给母校，以寄托对母校的深情，并希望母校今后取得更大发展。

改革催生了新的发展。1976 年，学校有 12 个系、12 个专业，招收学生 752 人。1976～1996 年的 20 年间，随着改革开放的全面推进和步步深入，学校系科设置发展到16个系、34个专业、16个硕士学位授权学科，同时设置了马列主义教学部、公共外语教学部、公共体育教育部。各类在校学生12743名，其中硕士研究生157名，全日制本专科学生6417名，留学生14名，成人教育函授、夜大学学生6155名。教职工1968名，其中正高职70名、副高职353名。教学科研设备17800台（件），总价值3458万元。在教学方面，一批教师获得国家和省级优秀教学成果奖、国家有突出贡献的科技专家等奖励和荣誉称号。在科学研究方面，学校的河北省杂交小麦、代用燃料、教育科学、应用化学等26个研究所（室），成为推动基础理论研究和应用技术研究发展的平台。

河北师范学院在石家庄的新发展

“文化大革命”结束后，河北师范学院首先对1957年被错划为右派的106名师生和“文革”以前的其他问题进行复查，对冤假错案予以平反和纠正。其次，加强了对教学科研工作的领导和管理。1978年恢复了本科4年制，1981年恢复招收研究生，1982年被省政府确定为省属重点大学。学校通过加强教研室建设、教师队伍建设以及教材、仪器设备、实验室建设等，切实加强了教学科研工作。再次，调整管理机构，加强干部队伍建设。1983～1984年，按照河北省委提出的干部“四化”（革命化、年轻化、知识化、专业化）的标准，学院对党政领导班子进行了调整，对中层干部也进行了大规模的调整。学院共设中文、历史、政教、数学、物理、化学、外语、艺术8个系，还有4个公共教研室：马列教研室、教育教研室、普体教研室、公共外语教研室，以及图书馆、社会科学情报中心、学报编辑部等。学院还建立了学位委员会、图书馆委员会等学术组织。

这一时期，河北师范学院还有一个重要的变迁，就是由宣化迁往石家庄办学。1979 年 2 月 24 日，河北省革命委员会主任办公会议做出了“同意河北师范学院从宣化迁到石家庄市”的决定。3 月，学院制定了《基本建设计划任务书》，同时派人到石家庄筹建新校舍。8 月 24 日，河北省革命委员会正式下达《关于河北师范学院迁到石家庄市建校的通知》。1981 年 7 月，石家庄新校舍完成了部分建设任务，历史、政教 2 个系师生（毕业班除外）迁往石家庄办学；暑期后，招收的各系新生，也全部在石家庄入学。到 1984 年底，搬迁任务全部完成。历史上本来就互为源流的河北省两大本科师范院校——河北师范大学和河北师范学院，又集合于省会石家庄，开始同地办学。

1984 年开始，学院进入了全面改革发展阶段，先后制定了“六五”“七五”“八五”规划。“勤奋、严谨、求是、创新”成为这一时期的校风。

1985 年，学院提出了“强化基础，拓宽领域，培养智能，增强活力”的教改方针，对教学计划进行了全面修订，增开选修课，减少周学时。1991 年，学院又对教学计划进行了全面修订，为突出师范特点，在学生知识结构和能力结构上，提出实施“五能”“五会”的十项师能训练计划。学院拥有了 14 个系 32 个专业的系科建置。从 1993 级本科生开始，学院按三

迁到石家庄后的河北师范学院

学期制实施了二二分流基础上的全体学生主辅修的教学改革，初步显示了生机勃勃的办学活力，受到学生欢迎。此外，1984年和1985年，学院分别建立了河北师范学院附属中小学和附属西藏学校。

学院先后建立了近20个科学研究室、所，评出了14个院级重点专业、10个重点研究方向，建设了5个硕士授权点。此外，学院多次主办和承办海峡两岸元曲研讨会、国际诗经研讨会等全国性乃至国际性学术研讨会。

1985年6月，学院设立学位委员会。1987年10月，设立成人教育中心。1988年7月，试行院长负责制，同时在各系实行系主任负责制。1984年、1988年、1993年，学院分别召开了第一届、第二届、第三届教代会。特别是1993年5月召开的第三届教代会，通过了《内部管理体制改革方案》，明确了领导体制、工作运行机制和人事制度等5个方面的改革内容。

河北教育学院与河北职业技术师范学院的建设与发展

在这一历史时期，河北省还建设了两所具有高等师范教育性质的院校：一是河北教育学院，一是河北职业技术师范学院。

河北教育学院正式定名于1984年，前身是1952年10月在保定创办的河北省教师进修学院。1958年，河北省教师进修学院随省会迁往天津市。1960年10月，河北省人民委员会决定，将河北省教师进修学院与河北大学教育系、河北省教育行政干部训练班、河北省教育厅教育研究所合并，改建为河北教育学院。1961年，改校名为河北教师进修学校。1963年3月，改建为河北省教育干部学校，同时在原保定速成师范专科学校基础上恢复河北省教师进修学院。1965年，河北省教师进修学院迁往石家庄，与河北工读师范学院合并，仍称河北工读师范学院，由河北工读师范学院的教师进修部负责河北全省教师进修工作。“文革”结束后，河北省革命委员会于1979年7月批准恢复河北省教师进修学院。1980年12月，学院更名为河北教育学院，同时在石家庄市新石南路建设新校舍。1984年，学院通过教育部备案，正式定名。

河北教育学院的历史，以1979年为界分为两个时期。学院初建时，仅作为省教育厅一个内设机构，承担全省中学教师进修和教育干部培训任务，并无独立校舍、师资等。后虽单独设立，但几经变迁分合，始终没有稳定的工作环境。这一时期，学院用办短期班、业余进修班的形式，培训了大批中学、

河北教育学院

师范学校教师和近2000名教育干部。同时，学院帮助组建了各地市教师进修学校，对它们进行了业务指导。1979年以后，学院恢复独立办学，建教育系、文科系和理科系。1984年2月到1988年3月，学院先后建立教育管理、汉语言文学、数学教育、物理教育、思想品德和政治教育、化学教育、生物教育、英语教育8个系。1990年10月，学院成立干部培训处。次年2月，河北省教育干部培训中心挂靠河北教育学院，办事机构设在干部培训处。同时，学院还恢复建立了图书馆，先后成立了德育教研室、体育教研室、电化教育研究室、中学教育研究室和人口教育研究室，创办了《学院学报》和《院报》。到1996年的17年间，学院边建设、边办学，坚持为河北基础教育服务，共培训各学历层次学员11213人；为全省120多名高校领导干部举办了读书班；对全省重点中学校长、师范学校校长和部分职教中心校长 720 人进行了首轮岗位培训，组织完成了全省中小学校长 32755 人的首轮培训任务；承担了国家教委与联合国人口活动基金会合作项目——中学人口教育师资培训任务，培训中学人口教育师资和人口教育管理人员 6884 人；实施了国家教委国际教育交流协会与美国英语学会合作项目——英语教师暑期强化培训，培训英语教师 1400 多人；同时举办了其他类型的短训班，使 5000 多人接受了各类专业训练。

河北职业技术师范学院

河北职业技术师范学院创建于 1984 年。为适应中等职业技术教育快速发展的形势、改变技工学校和职业中学教师严重短缺的现状，1984 年 9 月 1 日，河北省人民政府批复同意省劳动人事厅筹建河北省职业技术师范专科学校，规模暂定为在校学生 400 人，设电子、机械制造、工业企业自动化、商业服务 4 个专业，以后再逐步扩大规模并增设其他专业，学制2~3年。经过一年多的前期准备，1985年12月24日，河北职业技术师范专科学校举行了建校奠基仪式。1987年8月，基建任务基本结束；9月，机械系、电子系与河北机电学院联合招收2年制专科生。1988年10月21日，河北省人民政府批准改为河北职业技术师范学院，挂靠在河北师范大学，校名为河北师范大学职业技术师范学院。1989年，开始自主招收专科生。1993年，机械系、电子系、工美系、餐旅系、财经系全部开始招收本科生。到1995年底，学院已发展成为一所以本科教育为主，办学初具规模的高等职业技术师范院校。学院设有电子系、机械系、工艺美术系、餐旅系、财经系、基础部等5个系1个部，设应用电子技术、电工电气教育、机制工艺与设备、汽车维修工程、服装设计、装饰艺术、烹饪与营养教育、旅游服务与管理、财务会计等9个专业。在校全日制本、专科生达到1580人，为社会培训各类人才2000多名。学院设有河北省社会保险培训中心、河北省高级职业技术培训中心、河北省职业教育研究所、国家职业技能鉴定所。之后，学院被教育部命名为全国职业教育师资培训重点建设基地。

5 新时期的河北师范大学（1996~2015）

20世纪90年代，在新一轮高等学校布局调整中，原国家教委和河北省人民政府决定将河北师范大学（含河北师范大学职业技术师范学院）、河北师范学院、河北教育学院合并，组建新的河北师范大学。新的河北师范大学于 1996 年 5 月 28 日诞生。

1998 年，时任政治局常委、国务院副总理李岚清来校视察

合校之前四校的 102 个专业中，有 59 个重复设置。针对这一情况，学校在学科类别的地域分布上，经过充分论证后确定，东校区以理科为主，西校区以文科为主，职技校区保持原职业教育。大致用了一年多的时间，学校分批完成了学科合并调整任务，各学科逐渐集中办学。1998 年 1 月，职业技术学院首先成立，法政管理学院等随后陆续成立。随着学科的发展与调整重组，其他学院相继组建。2001 年，学校创办了独立学院——汇华学院。截至 2015 年，学校共有 21 个专业学院、1 个独立学院。

1996 年学校制定了《整体建设和事业发展"九五"计划和 2010 年远景目标纲要》，2000 年又出台了《整体建设和事业发展"十五"计划和 2010 年远景目标纲要》。这两部规划确定了建设高水平新型师范大学的目标任务，选择了建设教学研究型大学的发展定位，并对各个阶段的建设和发展任务进行了细分，提出战略举措。2002 年，学校举行了百年校庆，全面总结了办学经验，提出了“怀天下，求真知”校训，明确了“建设教学研究型、综合性、高水平、有特色的新型师范大学”的目标。2009 年 1 月，第六次党代会根据学校发展的新形势，提出了“实现高水平大学建设新跨越”的目标要求，明确提出要实现发展方式、用人机制、文化建设、办学格局的“四个转变”这一基本思路，即：在发展方式上，实现由外延扩张到内涵质量提升的转变，核心内容是提高质量；在用人机制上，实现由相对僵化到激发活力的转变，核心内容是激发活力；在文化建设上，实现由注重传承到传承与创新并重的转变，核心内容是在传承中创新自身文化；在办学格局上，实现由分区办学到集中办学的转变，核心内容是适应新校区集中办学的要求，全面创新管理体制和机制。

合校之初，学校有省属重点学科 6 个，硕士学位授权二级学科 14 个。截至 2015 年，有博士学位授权一级学科 8 个，可招收培养博士生的专业 50 余个；硕士学位授权一级学科 26 个，可招收培养硕士生的专业 130 余个。学科专业覆盖哲学、经济学、法学、教育学、文学、历史学、理学、工学、管理学、艺术学等十大学科门类。截至 2015 年，有国家重点学科 1 个，博士后科研流动站 9 个，河北省高校强势特色学科 4 个，省级重点学科 14 个，教育部重点实验室 1 个，教育部人文社会科学重点研究基地 1 个，省级重点实验室 7 个。2015 年，学校有专任教师

纪念建校 100 周年大会

1469 人，正高职人员 420 人，副高职人员 960 人，中国科学院院士 1 人，省级以上各类优秀专家 117 人次，博士研究生导师 145 人，各类硕士研究生导师 970 人，建设了一支包括中科院院士、长江学者、燕赵学者在内的高素质师资队伍。

细胞生物学国家重点学科

中华人民共和国教育部

二00七年八月

细胞生物学进入国家重点学科建设行列

学校牢固树立以人为本的理念，突出人才培养的中心地位，2003 年顺利通过教育部组织的本科教学评估。之后，学校的教育教学改革主要集中在以下几个方面：一是强化“高起点、严要求、厚基础、重实践”的培养理念。二是推进专业综合化，积极发展非师范专业。到 2012 年，87 个本科专业中有非师范专业 62 个。三是改进教学管理，2005 年全面实行学分制。四是通过教改项目带动教学水平的提高。截至 2015 年，拥有国家级人才培养模式创新实验区 1 个、国家级教学团队 1 个、国家级特色专业建设点 6 个、国家级专业综合改革试点项目 4 项、国家级大学生创新创业训练计划项目 108 项、国家级精品资源共享课程 6 门、国家级精品视频公开课 1 门、国家级实验教学示范中心 3 个、国家教学名师 1 人，河北省本科教育创新高地 7 个、省级教学团队 6 个、省级品牌特色专业 8 个、省级专业综合改革试点项目 5 项、省级精品课程 54 门、省级实验教学示范中心 4 个、省级虚拟仿真实验教学中心 2 个、省级教学名师 13 人。五是重视实践环节。在师范类学生培养中，开展了系统的“顶岗实习”，非师范专业和职业技术类专业努力尝试学校与科研院所、行业、企业联合培养人才的新机制。2006 年，学校与企业联办软件学院，培养质量受到社会广泛好评。2011 年，学校召开教学工作会议，进一步提出了加强实践环节培养的要求，要求非师范专业（包括艺术、体育专业）学生的毕业实习期必须达到半年以上，职业技术类专业必须达到一年以上。六是积极推动培养模式改革。2011 年，学校提出“大类招生、分流培养”的改革方案。2012 年开始，所有专业按文、理、艺术、体育几大类招生，入学一年后学生再根据意愿选择具体专业。

研究生的培养规模不断扩大、质量不断提升。2010 年，蒋春澜教授指导的学生纪奎的博士学位论文，成功入选全国百篇优秀博士学位论文，打破了该领域全部奖项自 1999 年以来均由全国重点高校垄断的历史。2011 年，生命科学学院博士生曹颖的论文，入选“百篇优博”提名奖。

学校通过调整科研政策，调动科研人员的积极性。年到位外科研经费快速增长，由 2002 年的 610 万元增长到 2014 年的 10033 万元。年承担国家基金项目数量位居省内高校前列，承担了国家“973”计划、国家“863”计划、国家自然科学基金重点项目、国家社科基金重大招标项目、国家社科基金重点项目、国家清史纂修工程主体类项目等一批具有较大影响的国家级项目。2010 年，孙大业院士课题组获国家自然科学二等奖，填补了河北省的空白。一些自然科学研究成果发表在 *Science*、*The Plant Cell* 等国际权威学术期刊上，人文社会科学研究成果分获全国高校人文社会科学研究优秀成果奖、国家辞书奖、鲁迅文学奖等。在发挥基础理论研究优势的同时，学校组建了河北省数学研究中心、燕赵文化研究中心、移动物联网研究院、泥河湾考古研究院等，积极开展校企（地）合作，大力加强应用技术和开发研究，服务地方经济建设和社会发展能力明显增强。

学校构建了基础教育、职业教育和高等教育师资培养“三教并举”、培养培训一体化的教师教育完整体系。为实现培养面

小麦新品种育种基地

向农村实践型师资的目标，截至2015年7月，学校实施了20期共24200余名师范生参加的农村基层学校顶岗实习。师范生在520余名驻县教师的带领下，在覆盖河北、北京、天津、新疆、山东、河南、浙江等省（自治区、直辖市）125个县（市、区）的4100余所次农村中小学开展实习支教工作。顶岗实习支教，受到基层中学的普遍欢迎，走在了全国高师院校的前列，得到教育部、各级领导的充分认可。2009年，刘延东同志两次做出批示，予以肯定。温家宝同志于2014年5月到学校学生顶岗实习支教的兴隆县六道河中学，走进顶岗实习生马丽莎同学的地理课堂听课，称道："很好，就这样上！"2013年6月8日，中共中央政治局常委、国务院总理李克强在教育部部长袁贵仁、河北省长张庆伟等同志的陪同下，到河北师范大学视察毕业生就业工作，充分肯定了学校引导毕业生到基层就业的成功经验。2009年，以顶岗实习为主要内容的教学模式改革获得国家教学成果二等奖。学校推出“优秀教师培养计划”，将顶岗实习、特岗计划、农村教育硕士的培养结合在一起，于2010年正式实施，首批招生210名。2010年，学校在做好各项教师培训的基础上，开始承担“国培计划”项目，培训效果良好，得到教育部的充分肯定。2011年，学校成为河北省唯一的一所免费师范生培养试点单位，在7个专业招收首批免费师范生200人，教师教育的特色更加鲜明。

2009年11月，国务委员刘延东（右一）、教育部部长袁贵仁来校视察

学校广泛开展国际交流与合作，已与美国、俄罗斯、乌克兰、比利时等国家的40余所大学、学院建有校际交流关系。学校现有

2013 年 6 月，中共中央政治局常委、国务院总理李克强来校视察

来自日本、韩国、意大利、英国、美国、加拿大、印尼、泰国等国家的长、短期语言及学位留学生 300 余人。学校先后承担包括“2002 年国际数学家大会组合数学卫星会议”在内的国际学术会议近 30 次。学校已在秘鲁和印尼建有 2 所孔子学院，积极向海外传播中国文化。此外，学校还通过向美国、加拿大、韩国等国家选派汉语教师志愿者，扩大了中国文化在世界的影响。

2000 年，为落实《整体建设和事业发展“十五”计划和 2010 年远景目标纲要》，学校向省教育厅提出建设新校区的申请，随后开始了征地选址的前期工作。2009 年 4 月 8 日，举行开工仪式，正式开工建设。随着新校区建设的逐步完成，学校自 2010 年 9 月起，分批迁入新校区办学。2013 年 9 月，伴随

学校承办国际数学家大会组合数学卫星会议

音乐学院迁入新校区，学校实现了完全意义上的整体办学。迁入新校区是学校办学的新起点。学校围绕“新师大、新风貌、新发展”的要求，塑造新师大的崭新精神气象，以科学的管理和崭新的风貌，开启了百年老校在新校区办学的新时代。

二　彪炳史册的办学华章

河北师范大学肇始于20世纪初年的兴学浪潮。一个多世纪以来，她始终站在时代的潮头，倡经事之学，开风气之先，成为中国近现代教育发展史上一支最为活跃的力量。

1　陈璧与顺天中学堂

回眸河北师大百余年的历史，首先进入脑海的是陈璧，他与学校的源头紧密相连。他兴学强国，兴国育才，兴学醒民，以牖民智，开创了中国新式教育的理想与实践。没有陈璧等人的极力倡行，就没有中国高等教育的发端。

陈璧（1852～1928），字玉苍，晚号苏斋，福建侯官（今闽侯县）人，光绪三年（1877）进士，在清政府中，历任内阁中书、宗人府主事、顺天府尹以及礼部、吏部、商部、户部等重要职务，最后任邮传部尚书；进入民国后，任袁世凯政府参政院参政。

陈璧

河北师范大学的前身——顺天中学堂就是由陈璧积极筹办的。1902 年，陈璧在顺天府尹任上创办了京师工艺局并附设农工学堂，改金台书院为金台校士馆，还奏请创设了顺天中学堂。其实，顺天中学堂创办的动议是比较早的。早在戊戌变法时，管学大臣孙家鼐和当时的顺天府尹胡燏棻就曾奏请设立首善中学堂并得到光绪皇帝的批准，后因变法失败而夭折。光绪二十七年（1901）七月，陈璧任顺天府尹后，当月就奏请在府学内设立西文东文学堂，并获得批准。八月初二，清政府下兴学诏："除京师已设大学堂应切实整顿外，着各省所有书院，于省城均改设大学堂，各府厅直隶州均设中学堂，各州县均设小学堂，并多设蒙养学堂。"九月，陈璧重提设立首善中学堂的建议，还要求清政府将地安门外兵将局抄产官房拨给顺天府用作首善中学堂校舍。陈璧认为："方今时势多艰，需材孔亟，矧京师为首善之区，尤当先行举办，为各省倡前。"当时，因八国联军侵入北京焚烧了户部衙门，户部暂借兵将局官房办公。所以，1902 年 3 月，顺天中学堂在原西文东文学堂的基础上借地开学。据说，开学仪式搞得非常隆重，连慈禧太后都派人送来了"御赐书橱"，还特意命令从国子监移送部分图书给顺天中学堂。此事在

《河北师范学院志》上曾有记载，但遗憾的是只有文字记述，实物却已遗失，多人在学校图书馆数年寻觅未果。开学不久，户部将兵将局移交顺天府，顺天中学堂真正固址办学。为维持学校正常开支，陈璧积极奔走筹措办学银两，筹得李鸿章儿子李经迈的10000两捐助，从袁世凯处争取到经费12000两，从备荒善后各项经费中划拨部分款项，使学校有足够的经济支持。

对于办学质量，陈璧要求甚高。对于有些事情，如教师聘任、教材选定、校务管理等，他都会亲力亲为。

在晚清的政要中，陈璧是一位思想开放、行动果敢、办事能力极强的官员。在创办管理顺天中学堂的过程中，他把自己的维新思想以及清末新政的理念，不遗余力地进行了全面推行。宣统元年（1909）刊印的《顺天高等学堂暂行章程》，展现了从中学堂到高等学堂的管理模式。通过此章程，可以看出其办学特色和文化积累。这部凝聚着陈璧等人办学理念的完备章程，非常具体，包括了饮食起居、强身健体、为人处世、师生职责、治学苦读等方方面面。这部章程是现存的学校早期最完善的一份文件，历经多次修改，有些条款对我们当今办学仍有参考价值。

该章程分讲堂规则、操场规则、自习室规则、寝室规则、食堂规则、学生应接所规则、学生储藏室规则、阅报室规则、盥漱室规则、茶憩室规则、厕所规则、浴室规则、考试规则、赏罚规则、假出规则、优待生规则，还有门房和堂役两项规定，共182页150节（条），事无巨细，皆有章可循。此章程反映了陈璧等创办者审慎、严谨的制度文化理念，为建立整肃朴实的学校特色文化提供了制度保证。

对于人才的培养与教育，陈璧是十分重视的。对于校舍、教师、教材的选定乃至招生考试，他都要严格把关。仅举一例：1905 年，科举制度废除后，学堂地位上升，生源逐渐扩大，顺天中学堂发生了重要转折。为保证生源质量，陈璧亲自命题。1906 年 8 月 1 日举行的一次入学考试，陈璧（时任户部右侍部兼署顺天府尹）亲拟国文及地理、算学等题。其中，国文题目为：李吉甫志在进贤论。由此，足见其对录取标准的严格把握与精心选才的责任感。

从顺天中学堂到顺天高等学堂几年的时间里，无论是招生来源，抑或就毕业生志向而言，其影响远远超出顺天府的范围。在这个时期，中国教育体制发生重大变革。以科举为中心、以中国传统文化经典为教育内容的旧教育制度，随着清政府的衰败而退出历史舞台。大批务实之士在仰视西方国力的同时，也吸纳接受了西方教育制度。他们把西方的教育制度引进中国，使西方近代科学技术和人文思想进入了新式学堂和国人的生活，激发了新一轮的思想解放。青年学生的思想极为活跃，又占有京师之地利，得风气之先。学堂汇聚和走出了梁漱溟、张申府、汤用彤以及郭晓峰、甄元熙等一批在 20 世纪叱咤风云的人物。

顺天中学堂是清朝末年有识之士力求变法图新的产物。陈璧等人在天子脚下吹响了教育改革的号角。他们改革图强、兴学育人、开化民智的务实之举对后人有重大启示意义。

2 傅增湘与北洋女师范学堂

戊戌变法失败后，维新派的许多改革措施被废止，但“张女权、兴女学”的呼声却此起彼伏，成为一种新的教育思潮。1901 年 1 月 29 日，清廷颁布“变法”上谕，推行新政，其内容之一就是“停废科举，兴办学堂”。实际上，这是对维新派教育改革呼声的认可。新政的推行，使女子教育进入了急剧变革的重要时期，且女子教育有了实质性进展。

当时，女子学校如雨后春笋，遍及全国。而这个时期，直隶省的女子教育走到了全国的前列。1906 年创建的北洋女师范学堂，成为中国最早设立的一所女子师范学校。在历史的动荡不安和风云变幻中，这所学校没有出现教育断代，完整地记录了中国女子师范教育的整个历程——由女子基础师范教育发展到女子高等师范教育，为中国女子师范教育扬起一面旗帜，成为中国女子师范教育的缩影和完整的女子师范教育文化档案。而她的创造者、维系者傅增湘先生居功至伟。是他的潜心经营使中国的女子师范教育蓬勃向上，是他的坚韧执著使女子师范教育在中国的教育史上被赋予了特殊的“活本”的意义，是他的革新除故的文化理念成就了女子师范教育崭新的未来。

傅增湘（1872～1949），字沅叔，四川江安人，清光绪二十四年（1898）进士，1902 年为袁世凯幕僚，任天津女学事务总理。1908 年任直隶提学使；1917 年任北洋政府教育总长；1919

年五四运动爆发后，因被牵连免职。傅增湘在20世纪前20年以开辟中国新式教育著称，后30年以文化研究闻名。

傅增湘

1902年，清政府颁布《钦定学堂章程》（壬寅制），各地纷纷筹办新学。傅增湘时任天津女学事务总理。他顺应教育变革的形势，积极迅速筹办女学，在天津于1904年创办北洋女子公学、1905年创办北洋高等女学堂、1906年创办北洋女师范学堂（河北师范大学前身）、1907年在北平创办京师女子师范学堂。4年间创办4所女学堂，实乃前所未有。尤其是1906年6月13日创办的北洋女师范学堂，是中国建立最早的女子师范学堂，具有开中国女子师范教育先河的意义，也在清末“新政”时期成为全国女子师范学校中的办学典范。

傅增湘先生在他的自著传记《藏园居士六十自述》中，这样记载办女学的过程：“一九零四年八月而项城（指袁世凯——编著者注）以女学事驰书四，敦迫北返。先是旅津遇旌德吕碧城女士，喜其才胆学博，高轶事辈，因约英敛之、卢木斋、姚石泉等倡设女学。先室凌夫人力赞之，偕碧城上谐杨文敬、唐少川诸公，醵金筑舍，定名女子公学。令碧城主教席，而推余夫妇总其成。余南行数月，异论滋纷，周君缉之，又别设高等女学。捡持者未得其人，项城急电余归，兼管两校。因约张君蔚西（指张相文，中国地理学科创始人——编著者注）北来，以高等女校委之。乙巳年春，部署略定。而项城以为欲大兴女学，非广储师资不为功，更以筹立女子师范学校见属。适余大病迎月，强起治事草订规制，先开简易班，以蕲速成，嗣分文理，用资深造，学术主调和新旧，而训育则日趋严格。由是近而畿辅，远江海岭峤，闻风负笈，不远千里而至，闺英百辈萃于一堂。余属吴君霭辰（指吴鼎昌——编著者注）督外堂，汪潘夫人志明察内舍。而监内外，则凌夫人主之。然余亦从兹舍幕职，而专营学事矣。而项城入枢府，杨文敬督北洋，以才堪大用密薦于朝，东海徐公总督东三省，欲奏调出矣，亦缘校事縻系未获承命。值张文襄公管理学部，奉东朝旨，将于京师辟女校，以树模范，事属创举，颇慎其选。以余主津校，粗有声绩，召入咨询，商定主旨，坚辞弗获，遂奉派为女子师范学堂总理。”

北洋女师范学堂尽管规模不大，但机构建制较健全实用。傅增湘先生亲自担任学堂总理（校长），主持学堂内部全面事务，另有外庶务管理教学、教务，内庶务管理学生主务和舍务。学堂办学宗旨也非常明确，即以养成高等小学、初等小学女教员，期于女学普及为宗旨。学堂先设简易科第一部、第二部，第一部为文科部，第二部为理科部。为简易科开设的课程与1907年3月8日学部颁布的《女子师范学堂章程》大致相当，且每门课程都有详细的教授科目。

虽简易科办学属初创，但学堂注重教学和教育质量，实行

北洋公牘類纂

北京益森公司校印

總理天津女學事務傅編修增湘稟辦女學情形暨條陳整頓事宜文並批

敬稟者竊編修前蒙　派令總理天津女學事務所有女師範學堂高等女學堂公立女學堂均歸管理考查官立女小學一律統轄等因奉此任事以來除將各學堂情形隨時詳報外茲屆歲終謹將一年來辦理情形爲　宮保陳之女師範學堂係由編修創辦本年閏四月開學當時投考雖多合格較少祇取錄四十餘名暑假後編修親往上海招考各處聞風爭至陸續收錄五十餘名始足定額自開學以來學生程度不齊課程高低礙難兩就十月嚴加甄別一次剔去程度太低之學生九名功課重加更訂較爲整飭又兼添請國文教員注重文字各學生均稱受益本月舉行年考謹遵　學部新章從嚴考試而列最優等者兩部共有十六名之多足見諸生勤奮向學進步可觀現已於本月二十三日全行移至新校房間寬展管理課授均覺方便一切仍行計議改良以期徐圖完備高等女學堂自正月接辦之始其時僅有學生十餘名開學後陸續增至七十餘名惟年齡不齊程度不一屢將功課班次更變減少洋文注重國文近前稍稍就緒漢文正教習鄒嘉坤逝世後已聘得旌德呂眉生女士接充於十一月到堂授課其理化算學體操等科亦經聘有專員明年擬遵　鈞命添招新班四十名並札飭官立五處女子小學選擇合格女生保送來堂肄業其如何分班插班之處擬俟臨時再定公立學堂開辦最早成效較著去年學生僅四十餘名本年添招丙班增至六十餘名明年仍擬招數十名酌量插班惟校舍逼仄擬將鄰近房宅併租以爲推廣地步此編修本年辦理三處女學之大概情形也官立五處女子小學向由學董經理編修逐次前往考查配置區域遠近尚屬相宜規矩整肅學科亦頗簡當西門外一帶居民稠密地段延長前稟請就皇姑巷添設第六女子小學仰蒙　批准業已會商學董趕速籌辦計編修所管各女學堂師範女生九十五名高等女生七十二名公立女生八十三名官立小學五處女生四百零八名合

《北洋公牍类纂》记述傅增湘创办女学情形

因材施教，严格教学管理，引导学生勤奋向学，逐步改善办学条件，以期徐图完备。1906 年底，傅增湘在向袁世凯禀报办女学情形的报告呈文中，详叙了北洋女师范学堂的办学情况。其文记载：“女师范学堂系由编修创办，本年闰四月开学，当时投考虽多，合格较少，只取录四十余名。暑假后，编修亲往上海招生，各处闻风争至，陆续收录五十余名，始足定额。自开学以来，学生程度不齐，课程高低碍难两就。十月严加甄别一次，剔去程度太低之学生九名。功课重加更订较为整饬。又兼添请国文教员注重文字，各学生均称受益。本月举行年考，谨遵学部新章，从严考试，而列最优等者两部共有十六名之多，足见诸生勤奋向学，进步可观。现已于本月二十三日全行移至新校，房间宽展，管理课授均觉方便，一切仍行计议改良，以期徐图完备……计编修所管各女学堂；师范女生（指北洋女师范学堂女生——编著者注）九十五名……”正是这些开创性的教育措施，保证了创校时期的教育质量，为以后办学积累了经验。这些学生毕业后，大多数成为中国第一代从新式学校走出的女教师。后来成为北洋政府总统冯国璋续弦夫人的周砥、民国外交部部长黄郛夫人的沈警音等，都是简易科毕业生，都从事过清末、民国时期的教师工作。

3 齐国樑与西迁自救

1937年7月7日，抗日战争爆发。河北省立女子师范学院在战争中遭到严重破坏，院舍毁于日军炮火中，学院器物被掠，损失中外图书57000余册、中文期刊210种，院务陷于停顿。在时局严峻时刻，院长齐国樑（璧亭）率师生退入天津英租借地。经商洽，由私立耀华中学和圣功中学将女师学院附属师范部和中学部学生分别收容，以求学生继续完成学业。附属小学部学生于志达小学继续上课。学院本部学生因在租借地各私立高校没有相应系科，无法安置。齐国樑“当于九月间晋京（南京）向钧部（民国教育部）面陈学院被毁情形，并请示复课办法”。经民国教育部核准，女师学院用中英庚子赔款补助办学。同年8月，齐国樑带领女师学院少数师生，辗转西安。同年9月10日，女师学院与西迁的北平大学、北平师范大学、天津北洋工学院，合并组建西安临时大学。同年9月18日，天津《大公报》报道西安17日专电：“西安临时大学，设备方面，尚需教部接洽，开学在九月半左右。”西安临时大学设文理学院、教育学院、工学院、农学院、法商学院、医学院等6个学院。教育学院由北平师范大学和女师学院的家政系组成，共设10个系。齐国樑任家政系主任，教师主要有女师学院的孙之淑教授、王非曼教授等。家政系由北洋女师范学堂、河北省立女子师范学院发展而来，既是中国最早的女子师范教育之根，也是西安临时大学最有特色的系科之一。家政系分别于1938年1月28日、2月4日在学校大礼堂举行了“实习成绩义卖捐赠抗战将士鞋袜”活动，着实地“显摆”了一下家政系师生的手艺绝活。

至1938年春，西安临时大学因战事吃紧，恐遭敌机轰炸，被迫停课。民国教育部决定将西安临时大学由西安南迁汉中。1938年3月16日晚，师生从西安乘火车，次日晨到达宝鸡。然后，师生徒步翻越巍峨秦岭，穿渡险峻河谷，踏行汉中盆地，一路到达汉中。途中历经磨难，创造了“文军长征”的历史壮举。

在迁徙途中，全体师生都要徒步行走。全程500里，共8站，大都是古代的栈道，史称“穷八站”。全校编为1个大队，下设3个中队，行军以中队为单位。师生白天穿越秦龄、绕转

师生徒步翻越秦岭途中

峡谷、攀缘栈道，一路跋涉，不避风雨，极为艰辛。亲身经历了这段不平常长途跋涉的朱兰训校友，在《秦岭行军》这篇回忆文章中描写道：“当时虽然年轻，但心中却铭记一句名言：国家兴亡，匹夫有责。所以也就化眼泪为悲愤。抗战！抗战！直到胜利，决不罢休……我们开始行军，每人背上了锅饼，跟在那荷枪的领队后面走，边走边唱……山势陡峻，景色绝佳，白云从身边脚下飘过，仿佛到了神仙境界，路旁有万尺深的山涧，潺潺流水声，不知名的鸟儿婉转歌唱，数不尽的珍花异草，艳丽宜人，我们串成花环，围在草帽上……”动情的描写似一幅画卷，使劳累的行军变得轻松浪漫。的确，每天行军群情振奋，战歌四起，这边唱，那边和，唱罢队伍的前方，唱后方。《义勇军进行曲》这部主战歌，天天行军天天唱。其他歌曲，如“枪在我们的肩膀，血在我们的胸膛……”“大刀向鬼子们的头上砍去……”“工农兵学商，一起来救亡……”等，也唱得此起彼伏。歌声、水声、天籁声，交织成和谐、沸腾的声浪，在群山环抱中回荡。蜿蜒的行军队伍，犹如雄赳赳、气昂昂的赴敌之兵，震撼群山峡谷，趋退渺无人烟的寂静。

行至汉中，全体师生停止前进，开始寻觅校址，着手建校。经过筹划，校址选定在汉中的城固、南郑、勉县三县，办学校舍各得其所。1938 年 4 月，西安临时大学更名为西北联合大学，原北平师大与河北省立女子师范学院部分师生联合组成教育学院，在城固县文庙一带办学。7 月，工学院和农学院分别独立，教育学院改称师范学院。1939 年 9 月，西北联合大学又奉命改组，教育学院独立为国立西北师范学院，仍在文庙办学。1939 年 9 月，西北联合大学进行重组，以文理学院、法商学院等为基础组建国立西北大学，师范学院独立为国立西

城固县文庙大成殿（仅存的西北师范学院办公原址）

北师范学院，医学院独立为国立西北医学院。

1940 年 4 月，民国政府鉴于城固县地处偏僻、高校较多，下令将国立西北师范学院迁至甘肃省兰州，在兰州十里店选址建校，采取兰州招收一届新生、城固毕业一届老生的办法，逐步将学校迁至兰州。1941 年 4 月，由 29 人组成的兰州分校建筑筹备委员会成立，齐国樑任兰州分校主任。兰州第一届新生招收 200 余人，于 1941 年 12 月 3 日举行开学典礼。1944 年 11 月，城固分校撤销，国立西北师范学院全部迁往兰州办学。

兰州十里店国立西北师范学院全景

1945 年 8 月 15 日，日本宣布无条件投降，抗日战争胜利。11 月，河北省教育厅派河北省立女子师范学院原庶务主任李荫珂为接收员，接收天津女师学院的校产。1946 年 1 月，河北省教育厅任命李荫珂为筹备主任，负责复校事宜，同时函请齐国樑院长由兰州返天津主持院务。齐国樑经过 8 年多的企盼，终于带领师生回到他经营了几十年的学校。面对凄凉残破、家徒四壁的校园，女师学院的师生将感伤化作信心，迅速将校舍粗粗修葺。1946 年 9、10 月，河北省立女子师范学院附属中学、幼儿园、小学和学院本部先后开学上课。又经过一年的施工建设，校园基本修缮一新。复员后的女师学院设教育、家政、国文、体育、音乐等5个学系。女师学院能够在抗日战争的恶劣环境下薪火相传、保留学校的火种，是齐国樑院长和先师们为学校所做出的宝贵贡献。

4　学校发展史上的两次交融

北洋女师范学堂、顺天中学堂这两所学校，一所坐落在渤海西岸开放大商埠之直隶省督署旁，一所位居燕山南麓首善大都会北京的皇城根下。她们共同见证了中国近代的历史和教育。她们曾为历史的伤害而抗争，也曾为教育的崛起而呐喊，所创造的历史业绩光耀京津。新中国成立后，她们经过短暂的休整和改制，仍驻足于京津，在天津的一脉发展为河北师范学院，在北京的一脉发展为河北师范专科学校，成为河北省为数不多的高等学府，被视为教育明珠。随着新中国教育事业的发展、学校办学规模的扩大，日渐拥挤成为两校面临的共同问题。但两校的原校址已均无扩展的余地，解决制约学校发展和办学需要的问题迫在眉睫。

1953年，河北省人民政府考虑到两校同属高等师范类院校，合并在一起建设新校，不但能节省基地及建筑面积，而且可以在图书、仪器等教学设备上，特别是在师资培养和配备上互相调剂，发挥更大的教学效用。因此，在取得有关方面各级领导的同意后，河北省人民政府决定将河北师范学院与河北师范专科学校合并，建设新校。河北省人民政府函请北京市人民政府拨给基地，讲道："河北师院与河北师专合并后，总的发展任务为5000人，预计将设置本科13系、专科11科，共154班，教职员工1562人。根据以上情况，建校所需基地面积按实际需要计算约为66万平方米（合990亩——编著者注）。"

1953年11月30日，河北省人民政府教育厅发布新政：为大量培养中等学校师资，以适应国家建设的需要，省府已决定将河北师范学院与河北师范专科学校合并，另在北京重建新校，并决定组成以胡毅为主任，卢金堂、贺洪涛为副主任的"合并建校委员会（委员共25人，其中河北师院14人，河北师专11人）"。1954年，按施工计划开始在北京市西郊建设新校。由两脉源流而来的河北师范学院和河北师范专科学校，迎来了第一次历史性握手。

1955年，教育部决定将河北师范学院建设中的北京新校舍移交北京师范学院，河北师范学院在石家庄市另选新址建设新校。1955年5月9日，河北省人民委员会（55）（教马字第一号指示）致石家庄市人民委员会称："我省河北师范学院，原于1954年，在北京西郊建校，1955年在中央统一计划下，确定该院1954年全部工程移交北京市师范学院继续进行。我省师范学院需另选新址建设新校。经省研究后，拟于石家庄市新建师范学院，并确定该院发展规模4000人。此方案业经中央教育部于4月27日电复同意。为此，除立即责成河北师范学院编造计划任务书报中央教育部审批外，并应立即着手进行准备工作，以期早日施工，在计划任务书未下达前，你市对该院建校中有关校址选择、购地、物资供应及水电供应等工作，应予大力协助并解决其在工作中发生的困难问题。”1955 年 7 月 14 日，教育部通知致河北省教育厅称：“……为了保证高师事业任务，你厅可在石家庄另建新校舍面积 30000 平方米（不包括 1955 年面积）。希你厅迅速通知该校，可在原新建校设计图纸上结合中央全面节约指示加以修改，以便早日动工。至于所需财务指标将由财政部统一下达。”

河北师范学院按照教育部和河北省人民政府的指示精神，立即选址购地，编造《河北师范学院建校总计划及 1955 年基本建设计划任务书》。石家庄市人民政府积极支持建院工作，批给了体育场、教学楼和职工宿舍建筑用地 600 余亩。新校建设由天津市建筑设计院负责设计、河北省建筑公司承担施工任务，并于 1955 年冬季开始施工。为了支持学院搬迁，河北省建筑公司昼夜施工，使首批 4 栋教学楼和家属宿舍楼很快拔地而起。1956 年 7 月 7 日，河北师范学院下达《关于迁往石家庄新校有关问题的通知》，规定：河北师范学院数学系、物理系、化学系、地理系、体育系及北京的河北师范专科学校生物科，旧生于 1956 年 8 月 31 日 ~9 月 2 日到石家庄师范学院报到注册，9 月 5 日正式上课。新生报到及开课日期另定。有关教师于 8 月 25 ~ 31 日到石家庄报到。职员于 8 月 20 日到石家庄报到。经过全体师生的共同努力，各系 2000 多箱教学用具和仪器，在不到一个月的时间里，由京津两地安全运抵石家庄，顺利完成了搬迁任务。一所新的师范学院在石家庄诞生，石家庄实现了高等教育机构设置零的突破。

1956 年 9 月 14 日，河北省教育厅颁发文件，指出：“我

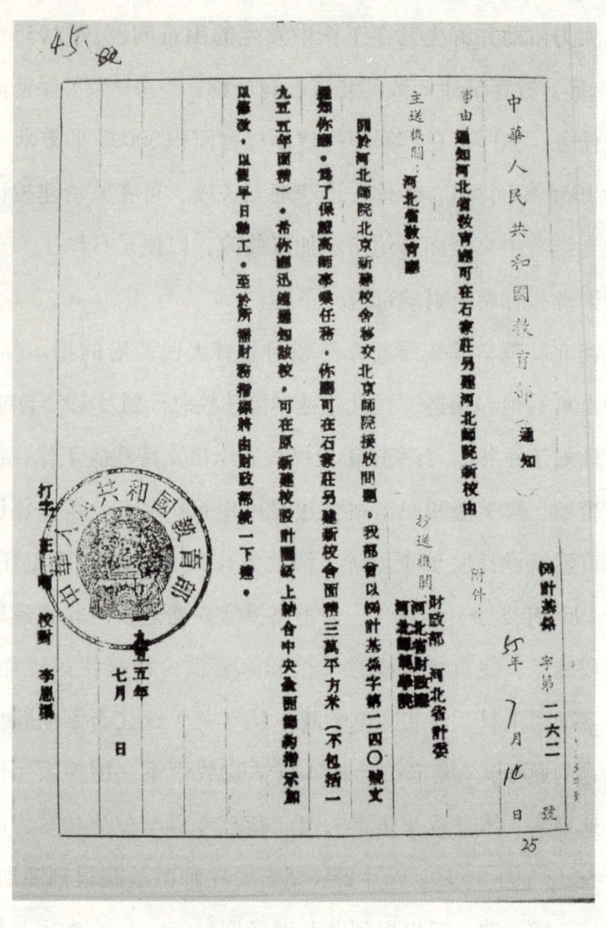

中華人民共和國教育部（通知）

(55)計基條 字第二六二號

55年7月16日

事由：通知河北省教育廳可在石家莊另建河北師院新校由

附件：

主送機關：河北省教育廳

抄送機關：財政部 河北省計委 河北省財政廳 河北師範學院

關於河北師院北京新建校舍移交北京師院接收問題。我部曾以(55)計基條字第二四〇號文通知你廳。為了保證高師專業任務，你廳可在石家莊另建新校舍面積三萬平方米（不包括一九五五年面積）。希你廳迅速通知該校，可在原新建校設計圖紙上結合中央[illegible]指示加以修改，以便早日動工。至於所需財務指標將由財政部統一下達。

一九五五年七月 日

打字 [illegible] 校對 李恩操

教育部关于建设石家庄师范学院的通知

省于本学年度开始从河北师范学院、河北师范专科学校迁出数学、物理、化学、生物、地理、体育6系，在石家庄新建师院一所，河北师范专科学校亦同时改建为师院。关于三所师院命名问题业经中央批准，将‘河北师范学院’更名为‘河北天津师范学院’，‘河北师范专科学校’更名为‘河北北京师范学院’，石家庄新建的师范学院命名为‘石家庄师范学院’。”这次院校调整，成就了政府撮合下河北师范大学两股源流的第一次交融。

1996年，在中国高等教育管理体制改革的大潮中，河北省吹响了高等学校合并的集结号，高等师范院校首推合并前沿。1996年4月23日，国家教育委员会发布《关于同意河北省省属部分师范、工科类高校合并调整的通知》，文件指出：“为贯彻《中国教育改革和发展纲要》精神和《关于深化高等教育体制改革的若干意见》，提高现有高等学校教育质量和办学效益，合理使用有限的教育资源和经费，进一步优化高等教育的布局结构，在全国高等学校设置评议委员会评议并经再次征求该委员会委员意见的基础上，经研究，同意你省部分师范、工科类高校进行合并调整。”同时指出：“将河北师范大学、河北师范学院和河北教育学院合并组建新的河北师范大学。撤销原河北师范大学、河北师范学院和河北教育学院的建制。”当时，河北职业技术师范学院挂靠在河北师范大学，没有写进撤并文件。

1996年5月28日，河北省人民政府发布文件，指出：“我省师范类、工科类院校调整方案，已经国家教委教计〔1996〕57号文批准……请你们按照省委、省政府的部署，认真做好调整过程中的各项工作，保证高校布局结构调整工作顺利进行。”

河北省委、省政府为保障学校合并有一个好的开局，在河北会堂专门召开河北师范大学、河北师范学院、河北教育学院、河北职业技术师范学院中层以上干部大会，宣布了4所师

河北省人民政府

冀政函〔1996〕39号

河北省人民政府关于组建
河北师范大学、河北科技大学的通知

省教委：

我省师范类、工科类院校调整方案，已经国家教委教计〔1996〕57号文批准。现将组建河北师范大学、河北科技大学的有关事项通知如下：

一、将河北师范大学（含河北师大职业技术师范学院）、河北师范学院、河北教育学院合并，组建新的河北师范大学。撤销原河北师范大学（含河北师大职业技术师范学院）、河北师范学院、河北教育学院建制。

请你们按照省委、省政府的部署，认真做好调整过程中的各项工作，保证高校布局结构调整工作顺利进行。

一九九六年五月二十八日

河北省政府关于院校合并相关文件的部分内容

范类院校合并组建新的河北师范大学的相关文件，省委、省政府主要领导做了动员报告。河北师范大学、河北师范学院、河北教育学院、河北职业技术师范学院四所河北高师院校巨头再次融汇，实现实质性交融。

河北师范大学

河北师范学院

河北教育学院

河北职业技术师范学院

四所学校历史上的校门景观

两次交融，相隔近半个世纪。历史和全校教职工，是河北师范大学合并历程的最好见证。新的河北师范大学成立后，体现出诸多优势。形成较大的师范教育体系：学校具备了职前培养和在职培训的办学功能，形成面向基础教育、职业教育和成人教育的办学新格局。规模教育已成定局：全日制本、专科学生和硕士研究生达1.3万人，成人教育学生1.4万人，为当时全国学生规模最大的师范院校。教育环境得到优化：学校合并之初，所进行的学科专业优化设置、教师队伍优化组合、教育资源优化利用等工作，使学校尽快形成了大的教育环境。诸多优势的凸显，为提高学校的综合实力、教育教学质量和办学规模效益做了良好的基础铺垫。

5 教育援藏与智力援藏

教育援藏

教育援藏是党中央、国务院做出的一项重大部署。自20世纪70年代中期开始，原河北师范大学、河北师范学院每年都在内地招收援藏定向生、代培生。经过3年或4年的学习，他们奔赴西藏，为当地的教育事业和经济建设贡献青春和才智。1985年，河北师范学院在附中创办了内地西藏初中班，后扩建为西藏学校，又升格为附属民族学院，为西藏培养了大批初中、高中毕业生和中专、专科师范类专门人才。

援藏定向生、代培生毕业后志愿来到西藏，克服种种困难，在工作中取得骄人的成绩，受到西藏当地干部群众的欢迎和称赞。数学系1976届赴藏生刘柏祥和李静夫妇都是中共党员。作为高干子弟的刘柏祥，放弃了毕业留校工作的机会。夫妇一起志愿支边到西藏，被分配到山南地区的一所中学任教。为了全身心投入工作，他们把刚出生的孩子送到内地抚养，还多次放弃可回内地的探亲假。辛勤的付出换来了优异的成绩，李静所教班级在西藏地区统考中，成绩名列第一。她的努力得到学生和家长的称赞和认可。每次回内地探亲，学生和家长都会送她一程又一程。在援藏生事迹的感召下，毕业生们纷纷志愿申请赴藏支边。中文系1978届毕业生王惠玲就是其中的典型。王惠玲在校时是系学生会干部，学习刻苦，工作认真。她到西藏后，展现了出色的才干，很快走上厅级领导岗位。1985

年3月15日，王惠玲应邀回母校做报告。她在报告中讲道：“党和政府对内地去的大学毕业生给予了很优厚的待遇”，“西藏急需内地有志青年，特别是师范院校毕业生奔赴西藏，为西藏教育事业的兴旺发展贡献力量。”她的报告，再次激发了师大学子援藏支边的热情和决心。

1985年，按照党中央、国务院关于教育援藏的指示精神，经河北省教育厅和河北省计委批准，河北师院附中开始筹办西藏初中班。该班成为全国首批内地西藏班（校）之一。西藏班计划每年招收西藏小学毕业生100名，使其经过1年的预科学习和3年的初中学习，再回到西藏。经过半年的积极筹备，1985年9月7日，首批西藏昌都地区的100名小学毕业生顺利入学，随学生来内地的还有教授藏语的藏族老师。

西藏班时期的建筑

1986年2月，李文珊从西藏调任河北省委副书记。他刚到石家庄就不顾旅途疲劳，于2月26日下午来到河北师院附中，看望在那里工作、学习的藏族师生。李文珊听取西藏班负责同志关于招收西藏学生的工作汇报后，讲道："办好西藏班这个问题，牵涉到民族团结问题、祖国统一问题。藏族是个优秀民族，解放后，由于对祖国内地了解很少，有某种程度的隔阂。我们要让他们在石家庄感到祖国的温暖，这对加强祖国统一、建设西藏，很有意义。"随后，李文珊到宿舍、教室，一一看望了藏族师生，并向藏族师生介绍说："我在西藏工作了27年，现在到河北来工作了。我是代表西藏人民和你们的父母来看望你们的。"在与师生们交谈中，李文珊时而说上几句藏语，赢得了藏族师生的阵阵掌声和笑声。他还高兴地品尝藏民过年时喜欢吃的"卡赛"，翻阅藏族学生的作业本，亲切地对他们说："看到你们的进步，我很高兴，藏族人民和你们的父母也都会很高兴的。你们是祖国的未来，也是新西藏的未来。你们在这里学习，任务是很重的，将来回到自己的家乡，建设新西藏。我们的国家有56个民族，只有民族团结加强了，祖国才能建设好，所以汉族离不开藏族，藏族也离不开汉族，这叫两个离不开。"

1987年2月28日，是藏历火兔新年，当天下午，河北师院举行欢度藏历火兔新年联欢会。省委副书记李文珊，省委常委、科教部部长陈玉杰，省政协副主席马卓洲，西藏昌都地区副专员向巴平措等同志到师院表示祝贺。李文珊代表省委、省政府发表了热情洋溢的讲话。他在讲话中说："河北省、石家庄市能为我们的骨肉同胞藏族兄弟的子女提供一块学习的园地，感到无上光荣。藏族是一个勤劳、勇敢、智慧的民族，是中华民族的重要组成部分，在我们伟大祖国发展的过程中，做出了重大的贡献。”3 月 1 日，《河北日报》头版刊登了省委副书记李文珊和藏族师生欢度藏历新年的消息。

1989 年 2 月 22 日，河北师范学院附属西藏学校成立。当年 9 月，河北师范学院附属西藏学校首届 73 名藏族中师生入学，第 5 批 70 名藏族初中新生入学。1992 年 6 月 13 日，河北师范学院附属西藏学校举行首届中师生毕业典礼。73 名中师毕业生中，有 3 人受到国家教委、中央统战部、国家民委和西藏自治区人民政府联合表彰，3 名学生成为河北省优秀中师毕业生，72 名考上了西北师范大学、西藏大学等高校。

1992 年 11 月 12 日，河北省副省长顾二熊在省政府十号楼 109 会议室主持召开河北省教育援藏工作协调领导小组会议。河北师范学院附属西藏学校校长王惠民汇报了学校的基本情况，并提出了有关学校定位与发展等急需解决的问题。会议对西藏学校今后的办学方向、规模、基建经费问题进行了讨论。顾二熊副省长就以上问题做出指示：要求把西藏学校建成河北省对外开放的窗口式学校，并决定拨款建教学综合楼和扩招内地自费中师生。为了解决学校水、电、暖问题，会议责成省教委、省计委、省财政厅各拨 10 万元，并限期到位。本次会议统一了认识，明确了学校定位与发展方向，为学校的发展奠定了坚实的基础。12 月 23 日，河北师范学院附属西藏学校向省教委递交关于更改校名的请示，申请将校名改为“河北师范学院附属民族师范学校”，现行管理体制不变，同时保留“河北师院附属西藏学校”校名。1993 年 3 月 3 日，河北省教委发文：同意河北师范学院附属西藏学校更名为“河北师范学院附属民族师范学校”，属中等师范学校性质，当年起面向省内招收自费中师生。

2000 年 1 月 31 日，河北师范大学与河北省教委、河北师院附属民族师范学校联合召开三方协调会议，研定了河北师院附属民族师范学校体制、更改校名、招生计划等问题。会上统一了“立足本校，依托师大，面向西藏，兼顾本省，办出特色”的办学指导思想。会议初步拟定：2000 年在内地西藏初中毕业生中招收两个五年制大专班，在内地中师毕业生中招收两年制大专班，在省内招收同样学制的大专声乐班；建议学校更名为“河北师范大学附属民族学院”。2000 年 10 月 12 日，“河北师范大学附属民族学院”挂牌仪式隆重举行，教育援藏工作进入了新的发展时期。

在历经河北师范学院附中西藏班、河北师范学院附属西藏学校、河北师范学院附属民族师范学校、河北师范大学附属民族学院四个阶段之后，河北师范大学附属民族学院已经发展成为一所具有鲜明民族教育特色的高等专科院校。教育援藏是学院办学之根本，民族教育是学院的责任和使命，为河北培养高素质人才是学院的光荣任务。办学 29 年来，学院共为西藏培养各级各类藏族毕业生 3251 人，河北省高校民族预科结业生 4445 人，河北省内普招中师、大专各专业毕业生 4524 人，合计 12220 人。其中，228 名藏族毕业生光荣加入了中国共产党。毕业学生中还涌现出以 2013 年度“最美乡村教师”与“感动中国十大人物”格桑德吉、党的十八大代表白玛德吉、2009 年全国模范教师云丹等为代表的一大批西藏教育战线上的优秀工作者。他们为西藏经济社会发展做出贡献的同时，也为学院赢得良好的社会办学声誉。建校以来，附属民族学院先后被授予“全国民族团结进步模范集体”、“全国教育援藏先进集体”和河北省“抗击非典斗争先进基层党组织”、“抗击非典斗争先进集体”、“民族团结进步模范集体”、“教育援藏先进单位”等众多荣誉称号。

荣获 2013 年度“最美乡村教师”、“感动中国十大人物”的格桑德吉

中共十八大代表白玛德吉

海拔最高的学校坚守者、2009年度“中国教育年度新闻人物”、全国模范教师云丹

智力援藏

对西藏阿里地区百名党政干部进行本科培训，是河北省与西藏阿里地区对口支援的重要项目，是智力援藏、智力援阿的重要举措。河北师范大学成为这项工作的践行者。河北师大党委书记李建强就此强调，培养人才是最好的援藏，举办阿里地区干部班既是学校服务西藏地方经济建设的应尽义务，也是学校贯彻落实全国内地西藏班办学和教育援藏工作会议精神、实施河北省“智力援阿”项目的具体行动。

2007年下半年，河北师范大学文学院承担了对阿里地区100名干部进行本科培训的任务，河北省教育考试院分三批对阿里地区选择推荐的干部按成人本科序列录取。第一批2008级21人按二年制成人脱产本科录取，于2008年3月至2010年1月在河北师大脱产学习，全部获得汉语言文学专业本科毕业证书和文学学士学位证书；第二批2009级39人按三年制成人函授本科录取，于2009年3月至2011年1月在河北师大脱产学习，2012年上半年办理毕业证书和学士学位证书；第三批2010级40人按三年制成人函授本科录取，于2010年3月来河北师大脱产学习，2012年1月完成学业。之后，良好的合作与优质教育使该项目得以延续发展。第四期学员共招收31人，于2011年9月入学，2013年6月毕业。2014年3月，第五期学员共25人入学，开始了在河北师范大学为期三年的学习生涯。

阿里干部班开学典礼

孙兰群老师是第一期阿里班的班主任，是文学院一名慈祥的老教师。第一期学员离开阿里首次来到河北师范大学学习，有许多不适，想家、想孩子，不适应从干部又当回学生。孙老师把这些年轻人当作自己的孩子，在学习上鼓励他们，在生活上关心他们。知道藏族同胞爱吃肉，孙老师就把他们喊到自己家，给他们炖肉、包包子。每天晚上遛弯，孙老师一定要到阿里班的学员宿舍去看看，晚上才睡得踏实。两年的时间，她像妈妈一样关心着这些“孩子”。第一期学员毕业时，大家一起给孙老师敬献哈达，一首一首不停地唱歌，用歌声表达着对师大老师的感谢和留恋。师生边唱边听边流泪，感动了在场的所有师生。

赵家奎老师原是文学院分管行政工作的副院长，退居二线后担任了第二、第三期阿里班班主任。赵老师对待学员如同亲人。学员入学时，他都要亲自去接站。学员毕业离校时，无论是正午还是凌晨，他都要去送行。他平时没事就去学生宿舍转转。学员们在楼前见到他那辆旧自行车，都感到很亲切。学员毕业离校的那几天，赵老师几乎每天晚上 10 点，甚至凌晨 1 点、早上 5 点，骑着他那辆旧自行车，从家里赶到学校，去送阿里班的同学们。

2012 年 4 月 28 日，一封来自中共阿里地委组织部的感谢信被送到河北省教育厅和河北师大。信中写道：“面对突如其来的意外，你们所表现出来的大爱无疆精神，藏汉亲如一家的高尚品格，对口援助省市兄弟般的情谊，对边远民族地区干部的关爱，亲如一家的浓浓亲情，无不深深打动我们。在此，对所有参与救治洛桑顿珠同志以及提供便利的河北省教育厅及河北师范大学各位领导表示深深的谢意，祝愿你们在今后的工作生活学习中，万事如意，身体安康！扎西德勒！”原来，2012 年 3 月 11 日上午，在河北师范大学文学院学习的 2012 级西藏阿里地区党政干部培训班学员洛桑顿珠突发抽搐并昏迷。带队干部赵文忠迅速赶到现场，第一时间拨打了120急救电话，同时向班主任吴少华老师汇报了该情况。班主任和文学院领导闻讯先后紧急赶到石家庄市中心医院，与带队干部会合磋商，同医院协商急救措施。经急救，洛桑顿珠当晚脱离了生命危险。为了使洛桑顿珠安心治疗、尽快恢复健康，河北师范大学有关单位积极联系专业医院，聘请权威专家，协调会诊病案，同时慷慨垫付了住院费用，为及时抢救以及后期治疗提供了极为有利的条件。经过一段时间的休养，洛桑顿珠基本康复，精神状态良好，于4月23日回到久违的课堂。

中共阿里地委组织部送来感谢信

在洛桑顿珠生病住院期间，学校、学院和阿里班的同学们齐心协力，共抗病魔。面对无微不至的关怀，洛桑顿珠的妻子卓玛由衷地、不停地对学院领导说“谢谢！谢谢！”正是因为有爱，雪域不再遥远；也是因为有爱，阿里师大更为亲近。

河北师大通过实施教育援藏、智力援藏工程，把知识的种子撒向西藏的山山水水。在西藏，无论在学校，还是在机关，都可见到河北师大人的身影。每当与西藏当地人交谈起来，他们都知道在祖国内地有个河北师范大学；每当谈起在西藏工作的河北师大毕业生，他们都会竖起大拇指。

6 走进新校区

这里延续着百年的历史文脉，这里洋溢着时代的数字气息，这里书香满园，这里朝气蓬勃，这里就是“百年学府，现代书院”——河北师范大学新校区。

河北师范大学新校区位于石家庄体育南大街以西，南二环以南，建设南大街以东，仓丰路以北，占地1829亩，规划建筑面积约83万平方米，总投资约26亿元。新校区由教学区、办公区、生活区、体育运动区以及其他功能区多区组合，是集教学、科研于一体的综合性、信息化、文化型的崭新大学校园。

作为省属重点大学，为适应高等教育改革，实现建设教学研究型、综合性、高水平、有特色的新型师范大学的办学目标，满足学校发展对基础设施的需求，改善学校教学科研和育人环境，2002年4月，河北师范大学开始启动新校区建设有关事宜，并相继成立了新校区建设指挥部和新校区建设办公室。2004年，第二届全校教工代表大会决定，以置换旧校区为主的筹资方式建设新校区。

新校区开工典礼

2009年4月8日，河北师范大学在新校区举行了隆重的奠基仪式，拉开了新校区建设的序幕。人们不会忘记，没有师大建设者夜以继日、忘我拼搏的工作奉献，没有学校师生员工胸怀大局、齐心协力的无私奉献，就不会有新校区令人惊叹的建设速度。2010年9月，新校区一期工程建设的公共教学楼、学生宿舍、风雨操场、校医院、食堂、文科楼群、美术艺术学院楼、西看台等建筑按期竣工验收，交付使用面积近27.5万平方米；在原西校区办学的文学院、历史文化学院、法政学院、商学院、公共管理学院、美术与设计学院、新闻传播学院、教育学院和在原东校区办学的外国语学院、体育学院等10个学院首期迁入新校区。2011年9月，新校区二期工程建设的理科楼群、行政办公楼、师生活动中心、学生西食堂、学生西宿舍等建筑设施共计24万多平方米交付使用，理科各学院、机关各单位、学校直属单位顺利搬入新校区。之后，国际文化交流学院于2012年9月迁入新校区，2013年9月音乐学院搬迁入驻新校区。至此，河北师范大学各单位全部入驻新校区，师大人终于实现了合校17年来真正意义上的集中办学。

2012年是河北师范大学建校110周年。自2002年百年校庆以来，学校又经历了十年发展，各项工作都取得了长足进步。但因为刚刚搬入新校区，有些工程尚在施工，各项工作千头万绪。权衡利弊，校领导班子确定了形式简朴、注重实效的校庆原则，将举办110周年庆典的人力、物力、财力节省下来，用于开展学术交流、重点学科建设和日常教学等活动，为壮大学校实力夯实基础。学校先后邀请世界著名计算机专家姚期智院士、著名数学家杨乐院士、中国科学院半导体研究所所长李树深院士（河北师范大学1983届本科毕业）、自然地理学家傅伯杰院士、著名作家刘震云等国内外各领域的知名专家学者到校进行学术交流。学校用百场学术交流活动替代110周年庆典，广大师生在享受知识盛宴的过程中，向这所百年老校献上了最真诚的祝福。

2014年5月，体育学院工程竣工投入使用。河北省第十八届大学生运动会在河北师范大学新校区成功举办。河北师范大学第四次承办这项赛事，成为承办河北省大运会次数最多的高校。

新校区本着“百年学府，现代书院”的设计理念，在建筑风格上体现着传统与现代的融合，在建设施工上采用新技术、新工艺、新材料，在校园建设上渗透着文化的气息。新校区是百年学府的精神传承与现代书院的育人环境的完美融汇，是师大人诗意的栖息地。

新校区建筑风格借鉴中国古典园林的造园手法，在布置上采用古代书院和传统四合院的建筑形态，使新校园延续着百年的历史文脉，蕴含着厚重的文化内涵。鸟瞰之下，新校区犹如一幅精练的中国水墨山水画伫立在石家庄的东南。“黑、白、灰”色系的应用，不仅勾勒着书院优柔、练达的艺术形象，更营造出一种超凡脱俗的意境。黛瓦、白墙、灰砖建构出平和、沉静，形成浓郁的文化氛围。钢、玻璃等现代元素的加入，彰显了传统建筑在现代的新生，体现了建筑的时代特征。

新校区建设实现了“一环”“双轴”“一线”“多中心”的规划特点，时光塔与其东西两侧的四方广场代表时间和空间两大维度，既满足了学校日常的教学要求，也面向社会开放，服务社会。

时光塔

另外，新校区建设特别注重对现代科技的运用，使整个校园实现了数字智能化和具有节能环保的设计特色。

资源共享理念是新校区规划的核心思想所在。新校区在建筑分布上采用集约化、模块化概念，打破以往自成一体、资源分割、不能充分共享共用的弊端。教学中心、实验中心、图书资料中心、网络中心、学生事务服务中心等的建设，使得新校区在用地相对紧张的状态下，实现了校园景观的丰富性，也使学校公共资源实现最大化利用，为增进同学间的广泛交流、丰富大学业余生活提供了更广阔的平台。学生事务服务中心位于师生活动中心一层，进驻的有学生处、团委、教务处、研究生院、招生就业处、顶岗支教中心、武装部、网络中心、继续教育学院等相关部门。学生事务服务中心秉承“方便学生办事，解决学生困难，维护学生权益，服务学生成长”的宗旨，为学生提供包括帮困助学、心理咨询、学生维权、网络服务、政策问答、招生咨询等近20项业务在内的“一站式”服务。文科群、理科群的复合式集群建设，进一步促进了学科的融合渗透和资源共享，增进了不同学科间的学术交流，开拓了同学的视野，为建设一所综合性的大学营造了宽松的发展环境。一道道错落蜿蜒的连廊，上下贯通，左右呼应，浑然一体，气韵生动，使年轻的校园焕发出勃勃生机。

新校区校园网应用现代先进技术，建成了覆盖教学区、宿舍区，有线为主、无线为辅，校园网、视频监控网、固定电话网三网合一的新一代校园网，达到省内领先水平。中国教育科研网河北省主节点设置在新校区，目前为省内40余所兄弟院

图书馆

校及省教育厅、省教育考试院提供教育网接入服务。新校区还开通了一卡通专网和校园网络视频监控系统，实现了三网合一，为学校节约了大量资金，并收到很好的效果。其中，一卡通系统实现了售饭、水控、电控、图书借还、门禁等多种功能。校园网络视频监控系统建设了覆盖公教楼281间教室的教学监控，实现了对课堂教学活动的远程监控，并能够进行远程听课、课程录制；校园网络视频监控系统还包括覆盖室外及所有楼宇出入口的868个安防监控点，为保障校园安全、及时发现突发事件、调查取证提供了必要的技术手段。

新校区还建设了有线电视及卫星电视接收系统、校园公共广播及背景音乐播放系统、大屏幕显示及信息查询系统等。

新校区充分利用太阳能成套技术，利用可再生能源，解决学生洗澡用热水问题，节约了资源。采用的复合外墙外保温技术、外窗外遮阳系统，大大降低了建筑能耗。中水系统和雨水收集系统，节约了用水。城市原生污水源热泵空调系统，充分利用城市原生污水温度相对稳定的特点，采用热泵技术原理，将原生污水中的大量低品位能量转化为高品位能量，满足了冬季取暖、夏季降温的需求，同时也将污水变成了可利用的再生能源，具有绿色环保、高效节能、低运行费用、控制方便可靠等优点，是新校区建设中的一大创意和亮点。无负压节能系统便于安装维护管理、水质卫生环保，杜绝了水资源的“跑、冒、滴、漏”，每年节约用电26万多千瓦时。

学校领导高度注重新校区校园文化建设，迁入新校区后积极谋划新校区景观、道路的命名工作。学校从110余年发展沿革的丰富积淀中，选取了反映一定历史时期办学理想、价值观念、精神风貌、审美情趣的概念，来命名物质景观、道路，以表现河北师范大学独特的人文气象，唤起师生的认同感、凝聚力。

依据“再现历程、弘扬精神、体现特色、标示功能”的命名原则，学校最终使用顺天大道、北洋路、碧城道等校名沿革、知名人士、历史名人、对学校发展做出巨大贡献的重要人物、为母校争得荣誉的杰出校友以及有纪念意义的事件、学校的办学理念和优良的精神传统等为景观及道路命名，反映学校的变迁历程，传达包容、深刻的思想内涵。这些名字明确地记录了学校发展历史以及重要人物和重要事件，给后来学子提供了清晰的记忆线索，引发了师生深厚的认同感、自豪感和荣誉感，给师生留下深刻的印象，传达着一种强烈的重塑灵魂的力量。校园景观作品，附着代表师大精神气韵的符号意义，使师生在与景观的对话、交流中，培养出良好的审美情趣和高尚的气质风貌。

通过对校园文化景观、道路的命名，整个校园成为一部令人自豪、振奋的恢弘史书。移步易景，所到之处不仅有视觉上美的冲击，形成高层次的、精神上的共鸣，也承载了对学校历史、传统和精神的传播、弘扬，使这些经年积累的精神印记，在景观等物质形态之上，展露出更为深刻的文化意义。幽静、优雅、清新、大气的师大新校区，成为省会东南一道靓丽的风景。

新校区的建设，凝结着省市各级领导及有关部门的关心和支持，凝结着学校领导的信心和决心，凝结着师大人的智慧和汗水，更凝结着建设者的辛勤付出和无私奉献。

新师大、新起点、新风貌、新发展，满怀豪情的师大人正载着希望，将理想化作行动，共创师大的美好明天！

三　灿若星辰的学子风采

河北师范大学百十余年的发展，像一条湍流不息的河流，不畏艰险，奔流向前。在“怀天下，求真知”办学理念的指引下，河北师大为国家和社会培养输送了20余万名专业人才。他们胸怀远大理想，热爱祖国和人民，以强烈的社会责任感和历史使命感，积极进取，勇于担当，辛勤工作在祖国建设的各条战线。他们中有的成为国家领导人、企业精英、社会名流，也有的成为著名学者、科学家、教育家、特级教师。其中最令母校骄傲的既有老一辈革命家邓颖超、刘清扬、郭隆真、康世恩、荣高棠，学界名人梁漱溟、张申府、汤用彤，中科院院士严陆光、郝柏林等；也有新中国成立后毕业的体育界精英许绍发、蔡振华，著名作家王蒙，中科院院士李树深，全国高校首届百名教学名师、长江学者特聘教授刘建亚，全国模范教师、全国思想政治理论课优秀教师、全国高校思想政治理论课教学能手朱月龙，第三届鲁迅文学奖获得者、诗人陈超；还有中学特级教师、苏步青数学教育奖获得者刘贵、张强，2013 年度最美乡村教师、感动中国十大人物之一的格桑德吉；以及在各自岗位上做出非凡业绩的数以万计的高等教育、职业教育、基础教育师资和各类专门人才。本部分仅撷取 20 世纪 50 年代以前毕业的 26 位学子代表，讲述他们在母校学习和成长的历程。

1　革命先驱

辛亥女杰沈警音、葛敬诚、郑璧

沈警音（1894～1971），原名沈性真，字亦云，浙江省嘉兴人；葛敬诚（生卒时间不详），上海人。1906 年 7 月，两人同时考取北洋女师范学堂。当时，学堂只办简易科，学制一年半，1906 年 6、7 两个月分两次在天津、上海招生，共计招收 113 名学生，除中途退学者外，毕业学生 107 名。沈警音、葛敬诚于 1908 年 1 月 29 日（光绪三十三年十二月二十六日）毕业，为北洋女师范学堂创办以来的首届毕业生，均是全学级 14 名最优等学生之一。郑璧（1893～1952），号哲贞，字仲完，浙江青田县鹤城镇陈山村人。辛亥革命期间，郑璧正在北洋女师范学堂读书，后留学德国，归国后在上海交通大学外文系任教。辛亥革命时期，沈警音、葛敬诚、郑璧三位女士以北洋女师范学堂校旅沪学生为骨干，发起创建了上海妇女军事团体之一的上海女子北伐敢死队，并身先士卒冲锋陷阵，成为名副其实的辛亥女杰。

1911 年 10 月 10 日，武昌起义爆发，辛亥革命揭开了中国

上海女子北伐敢死队

历史新篇章，革命烈火遍及全国。当时，郑璧就读于天津的北洋女师范学堂，得知武昌起义爆发的消息后，当即与沈警音一起离校南下，赴上海参加光复会，与上海爱国中学、务本女中，北京女师，苏州振华女子中学等学校进行广泛联络活动。11月，郑璧与沈警音、葛敬诚等一起发起组织，成立上海女子北伐敢死队（又称女子军事团），推举沈警音为队长，葛敬诚为副队长。郑璧作为发起人之一，主要负责对外联络事务。其成员有70余人，平均年龄在20岁左右。当时，北洋女师范学堂因为辛亥革命而提前放假，许多南方的同学回上海参加了女子北伐敢死队，所以这支上海女子北伐敢死队队员以北洋女师范学堂学生居多数。该队成立以后，经常组织讲演，宣传革命，发动妇女参军参政并帮助民军作战，受到当时沪军都督陈其美、参谋长黄郛的重视和支持。《上海妇女志》亦载：由“葛敬诚、沈警音等人发起组织的女子军事团，约70余人，多数是爱国、务本两女校学生和北洋女师范学堂的旅沪学生”。

上海女子北伐敢死队于1911年11月18日在《申报》上

发表《女子军事团警告》一文，号召妇女参军参战。文后附军事团《简章》："本团以驱攘残恶，救助同胞为宗旨。组织：分二大部，甲、战斗部，乙、军医部（疗救战地之民军——编著者注）。……资格：年在16岁以上，40岁以下，身体健全，能耐劳苦者。"这支女子队伍，在向上海都督府提出组织计划时，立即得到批准，并领到所需的武器、弹药和服装配备（这是其他男子部队所不能轻易取得的）。上海"尚文门内体操学校为召集训练所"，使作战技术训练和实弹射击演习有了保障。同时，这支女子队伍受到多方面的鼓励，如黄兴的女秘书徐宗汉，经常来到敢死队讲话，鼓励队员们加强战斗的决心和信心。她们还与上海其他女子团体有着密切联系，与上海妇女界的吴芝瑛（秋瑾的老朋友）、唐群英等名流来往频繁。

1911年12月5日，由沪军都督陈其美发起的"北伐联合会"在上海成立。女子北伐队亦加入其中，队伍驻扎在上海尚文门内中国体操学校。经过两个月训练后，上海女子北伐敢死队200余团员，奉南京临时政府陆军部檄令，于1912年1月24日，与张馥真、林宗雪所率领的上海女子国民军一起，"驰赴金陵助战"。"闻此队女子勇猛异常，一洗柔弱之习。"她们进驻南京铁汤池后，请缨北上参加北伐。南京光复后不久，南北议和告成，单命军北伐之举因而停止。军事当局动员她们复员，她们大多数表示不愿意离开组织。经过反复劝导之后，有的回到原校继续读书，有的分头组成女子代表团，准备参政活动，各创人生之路。沈警音与黄郛（国民党元老）结

沈警音、黄郛1913年在天津

为夫妇。郑璧则重返校园，毕业后曾在天津任教，1916年与黄伯樵结为伉俪，同赴德国留学，回国后，任上海交通大学外文系助理教授。在沪期间，郑璧曾掩护周恩来夫人邓颖超在上海治病，为革命做出贡献。由于黄伯樵事业有成，郑璧退居身后，支持、协助黄伯樵主编《德华标准大字典》。1948年，郑璧定居香港，1952年逝世，终年59岁。

1911 年 11 月 29 日，沪军都督陈其美在《申报》曾载文称赞她们：“女子之身，有慷慨兴师之志。军歌齐唱，居然巾帼从戎；敌忾同仇，足使裙钗生色。”

妇女运动的先驱——刘清扬

刘清扬（1894～1977），天津人，中国共产党早期党员，周恩来同志的入党介绍人；曾担任全国政协常委、全国妇联副主席、中国红十字会副会长等职；北洋女师范学堂首届四年制完全科毕业生，中国妇女解放运动的先驱。

1894 年，刘清扬出生于天津一个回族小家庭。1906～1910 年，她参加了天津各界人士组织的国民捐款与救国运动。当时流传的“13 岁的女学生捐出一个金戒指”的故事，说的就是少年刘清扬。其兄刘孟扬曾向她介绍秋瑾的生平和革命事迹，使她很受感动。她暗下决心，要做一个秋瑾式的爱国女英雄。后来刘清扬回忆说：“秋瑾烈士实是给我指导的第一人。”1908 年 2 月，北洋女师范学堂招收四年制完全科学生两个班，刘清扬以优异成绩入选，成为北洋女师范学堂的学生。

1911 年，因北洋女师范学堂的学生参加辛亥革命，学校只好宣布提前放假，毕业考试也推迟到了民国元年。在此期间，刘清扬参加了中国同盟会在天津的秘密组织——天津共和会。共和会的任务就是发动滦州起义。她和共和会会员们一道，油印反清宣传品，向群众进行革命宣传，积极为滦州起义探听军情、筹措经费。女师学堂地理教员白雅雨是共和会会长，担任起义参谋长。在白雅雨赴滦州策划起义之前，刘清扬等出色地完成了为白雅雨等十人去滦州筹措经费的任务。

刘清扬于1908～1912年在北洋女师范学堂读书

1919年，北京学生点燃了五四运动的革命火炬，天津学生闻风而动，立即组织起来。刘清扬和直隶女师的同学郭隆真、邓颖超等发起成立了天津女界爱国同志会。她本人当选为会长，并与周恩来、马骏、郭隆真、邓颖超等创办了“觉悟社”。1919年11月10日，刘清扬担任全国各界联合会成立大会主席。各界联合会风起云涌，进行了不懈的斗争。其中，刘清扬起了重要的领导作用。这一时期，中国思想剧烈震荡，新文化的勇士们猛烈地冲击着封建思想的堤坝。随着赴法运动的兴起，刘清扬作为新时代女性的一员，也于1920年11月与张申府等一同赴法留学。1921年2月，经张申府介绍，刘清扬加入中国共产党，成为中国最早的女共产党员之一。同年3月，张申府、刘清扬、周恩来等五人在巴黎成立了共产主义小组，进行爱国宣传活动。1922年2月，张申府、刘清扬、周恩来转至德国活动。在巴黎期间，刘清扬与志同道合的张申府结婚，成为一对革命伴侣。

1923年冬，刘清扬回国。1924年1月1日，全国第一份主要由妇女主办的报纸《妇女日报》在天津正式出版。刘清扬任总经理，邓颖超等为编辑。《妇女日报》在妇女运动史上具有开创性意义。在此创举上，刘清扬冲破阻难，身体力行，堪称女权运动的先锋。同年 4 月中旬，刘清扬奉李大钊的委派，南下上海、广州，进行全国妇女运动的联络组织工作，使中国妇女解放运动的规模不断壮大。1924 年 6 月，刘清扬随李大钊出席第三国际第五次代表大会。大革命失败后，她虽然中断了与中国共产党的联系，但仍为妇女运动不懈奔波。

1941 年后，刘清扬在香港、桂林等地积极参加反蒋抗日活动。1944 年，她在重庆加入中国民主同盟，并被选为民盟中央委员和妇女委员会主任。

新中国成立后，刘清扬历任政务院文化教育委员会委员、政协全国委员会常务委员，曾任河北省政协副主席、全国妇联副主席和中国红十字会副会长等职。

伟大的无产阶级革命家邓颖超

邓颖超，原名邓文淑，祖籍河南省光山县，1904 年 2 月 4 日生于广西南宁。幼年丧父，靠母亲杨振德行医或当家庭教师过着清贫的生活。学生时期的邓颖超一直使用邓文淑这个名字，直到从直隶第一女子师范学校毕业前，在恩师白眉初先生提议下才改用现名。

邓颖超自幼聪慧好学，9 岁时插班考入直隶女师附属小学四年级。按照当时的学制，初小四年，高小三年，高小毕业后，年满 13 岁才能报考女师预科。直隶女子师范学校（河北师范大学前身）学制五年，一年预科、四年本科，预科要收食宿费，本科学费、食宿费全免，入学前要考试，考上预科前

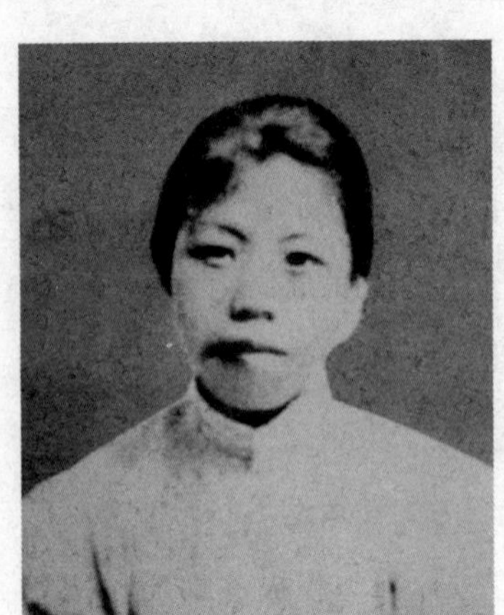
直隶第一女子师范学校
第 10 学级学生邓颖超

三名的，可以免缴学费和住宿费。为了减轻母亲的负担，在高小一年级邓颖超就读完了高小三年的全部课程。可就在这一年母亲失业了，为继续自己的学业，邓颖超执意要母亲带她去报考直隶女子师范学校。母亲杨振德在报名结束前的最后一天，给她虚报两岁才报上了名。当时的直隶女子师范学校是全华北地区最好的师范女校，好多北京富家女生也来报名，考生众多，名额有限，历年的考取比例不到一成。每年学校只招一个班级，不过四五十人而已，而报名者多达七八百人，就近的京津地区考生如云不说，就连远在广东、四川的学生都有来考试的。连跳两级的邓颖超在不到一周的时间内，早起晚睡认真备考，正好考得第三名。1915 年 8 月 20 日，11 岁的邓颖超进入直隶女师预科。1916 年 1 月，学校更名为直隶第一女子师范学校。这一年，邓颖超升入本科，成为直隶第一女子师范学校第 10 学级的学生，也是班级里年龄最小的学生。

本科的科目有很多，对于邓颖超来说，有一多半是新鲜的功课。除了主要文化课程，她们还有舞蹈课、钢琴课、手工课、烹饪课、缝纫课、园艺课、音乐课、图画课等等。女师的办学宗旨就是把学生们培养成西式知识女性，而且达到贤妻良母的标准，具备管理家庭、相夫教子的能力。

10学级的班主任白眉初先生是享誉全国的地理学家，在开学第一天给同学们上了一堂精彩的地理课。“爱国，学地理之首；建国，学地理之本。”他把这一教育理念，贯穿于整个教育生涯。对于课外作业，他就让学生画中国地图，全国的、各省的，标出主要城市、山脉、河流。年幼的邓颖超开始知道爱国了。在全校的习作比赛中，邓颖超的一篇作文《对于蔡松坡先生逝世感言》让白眉初老师感慨万千。白眉初右手拿着邓颖超的作文本，背着左手站在讲台上，一边微微摇晃着身体一边激昂有力地读完全文又读了他的批语：“长言之不足，则咏叹之。感慨悲凉，唾壶欲碎。”批语的意思是，写得感情丰富，使人激动，有慷慨悲歌气势。13岁的邓颖超在白眉初的教育下有了理想，开始关注社会动态和国家形势。除了作文写得好，邓颖超的毛笔字写得也好，一年级时就在学校会报上发表了她的书法作品——“甫事”两个大楷毛笔字。这个班级中年龄最小的学生，人小志高，考试成绩从来都在前五名之内。

邓颖超不仅学习好，而且善于处理与同学们的关系，调和各种矛盾。同学们和邓颖超的关系特别好，从没有因为她年纪小而轻视她，还选举她做了班干部。邓颖超的“官”越当越大，不只在班级里当干部，还在全校的校友会出任余兴部委员和运动部委员。邓颖超的课余时间也排得满满的，配合学校老师组织学生们的课外活动，带领大家做操、运动、外出参观。邓颖超在和同学们在南开中学观看了新剧后，又动了排演新剧的念头。可是女生们的响应并不强烈积极，她们只愿意看新剧，让她们自己演就不愿意了，毕竟在那个年代演戏的人都是不受人尊重的，演员被称为“戏子”，大部分出身名门的女师学生自然不屑粉墨登场，哪怕只是在学校内部排演自娱自乐也不愿意参与。但这并没有影响邓颖超对新剧的喜爱，她尤其喜欢南开中学的新剧。后来成为邓颖超革命伴侣的周恩来，正是南开中学新剧团的主角。

1919年5月4日，五四运动爆发了。最早响应五四运动的自然是天津的学生，天津是离北京最近的一个大城市。北京发生的学潮在当天就以最快的速度传到紧邻的天津。5月5日清晨，直隶第一女师第10学级三年级的教室里传来了邓颖超清脆又响亮的声音：“同学们，我们要声援北京学生，国家兴亡不止匹夫有责，女子也有责，而像我们这样读书识字的女子更有责。”此言一出，一群十八九岁的年轻姑娘都高声赞同，“我们上北京”，“我们也去天安门请愿”，“大家游行去”……喊什么的都有。在同学们的鼓舞下，身材娇小敏捷的邓颖超马上跑出教室，去联系别的班级，共同商量对策。

5月6日那一天，直隶第一女子师范学校各班召开了联合大会。各学级推举代表20人，还有附小的教员、学生5人。其中就数10学级的代表最多也最积极，邓颖超是10学级的首席代表。家政专修科的郭隆真也来参加会议。郭隆真比邓颖超大了整整10岁，邓颖超也很佩服郭隆真。事实上，在女师学校没有不佩服郭隆真的，包括老师和学生。邓颖超提议由郭隆真主持会议，学生们一致通过。郭隆真当仁不让，以一介文弱女子之身披挂上阵，号召联系天津各大中院校的学生，万众一心共惩国贼，抵制日货。女学生们当即毁掉了身上所有和日本有关的东西，有激进者甚至连日本课本也给撕了并拒绝上日语课。“撕书风波”引发了校长和老师们的担忧。校长齐璧亭落寞地在校园拾拣起课本，满心忧虑的班主任白眉初再一次给学生们上了生动一课。他说：“同学们的爱国热情我理解，但是撕毁书籍的行为是可耻的。日本人从西方学了新知识，靠着这些知识，打败了我们！日本人中就有好多中国通，这给他们的侵略扩张带来了益处，而我们中国人中少的就是日本通。若我们中国有了足够的日本通，就能积极有目的地组织反抗，而不只是靠一腔热血，否则那只是徒洒鲜血于事无补白白牺牲，知己知彼方能百战不殆。”这一课上得太有意义了，也太深刻了。带头撕了书的邓颖超很后悔，其实她的日文学得不错，平常也能叽里呱啦地和美代子老师对付一阵，因为她很喜欢上美代子老师的音乐舞蹈课。想要战胜对手，就要先了解对手，邓颖超第一次领悟了这个道理。

5月25日，以女子师范学校为主要力量的天津女界爱国同志会在天津东门里江苏会馆成立。女师的毕业生刘清扬被推举为会长，郭隆真和邓颖超被选举为讲演队队长。讲演队的主要工作是向天津的各界妇女进行爱国宣传，抵制日货。邓颖超这个讲演队队长尽心而为，带领自己的小队人马，共七八个女学生，在大街小巷挨家挨户地去敲门请人出来听她们的讲演。对于学生的爱国活动，天津市民有欢迎的，也有反对的，有打开大门摆茶水点心招待她们的，也有紧闭门户不接待的。得了赞扬的邓颖超不敢骄傲，吃了闭门羹的邓颖超也不气馁，脚踏实地扎扎实实地做下去。她的小队很快就得到扩大，一些同学自动加入她的小队。小队慢慢地变成了一个团，她也由讲演队队长变成了讲演团团长。

五四运动爆发以后，邓颖超做得最多的是讲演工作。她在讲演过程中发现的一些问题，引起了她的重视。听她讲演的多是家庭妇女，没多少文化，向她们宣传爱国道理，讲的人明白，听的人却不能很好理解。听的人不理解，讲的人自然着急，如果不教育好这些母亲，这些母亲又如何能教育好她们的孩子。当邓颖超在高等住宅区向家境颇好的人家讲演时，发现这些妇女听讲演的热情远没有看戏的热情高。邓颖超只好和同伴临时编排个小故事用来现场表演，没想到这些妇女对简单的小独角戏的内容理解得很好，教育效果远比听讲演好得多。邓颖超想到要因材施教、因人而异，发现对这些没有文化的妇女长篇大论是没有用的，不如来个直观的小戏剧，于是她就动了排演舞台剧的念头。随着学生运动的蓬勃发展，学生和群众的热情都出奇地高涨。邓颖超她们特别需要大量的资金买纸张印刷传单，可是经费有限，如果能排演几出大型新剧出售门票，既能起到很好的宣传效果，又能解决活动经费，岂不是两全其美嘛！邓颖超把自己的想法向会长刘清扬做了汇报。刘清扬很赞同她的观点，特意在会员中找了一些乐意粉墨登场的女生，让邓颖超带领着写剧本排练话剧。吴瑞燕、凌叔华文笔好，自告奋勇没用几天就写好了两出话剧剧本——《木兰从军》和《伊藤博文》。演员有了，剧本也有了，却没有导演。这些女生都是第一次演戏，毫无经验可谈，排练了一次，效果极差。

邓颖超正为这事头痛呢，没想到巧遇了当年南开剧团的大演员周恩来。周恩来很高兴地就答应效劳。在后来的演出中，邓颖超女扮男装，分别饰演了《木兰从军》中的刘大哥和《伊藤博文》中的安重根。

过了不久，天津绅、商、教、报各界人士也积极加入学生运动之中。6 月 18 日下午 3 点，在天津总商会内开会成立天津各界联合会。23 日，又选举了各部委员干事，15 岁的邓颖超被选举为交际科干事，参与非正式的社会实践活动。这对她以后的成长有很大的益处，由一个只知道读书的小女生到开始与各界人士打交道，极大地锻炼了她的社交能力和办事能力。

1919 年 9 月，经提议，天津学生联合会和天津女界爱国同志会合并为一个团体，组成了一个更加进步的小社团——觉悟社。本着男女平等的精神，男女社员各 10 名，分别是男社员周恩来、马骏、李宝森、谌志笃、关锡斌、谌小岑、潘世纶、赵光宸、薛撼岳、胡维宪，女社员郭隆真、刘清扬、邓颖超、张若茗、李毅韬、周之廉、李锡锦、郑岩、吴瑞燕、张嗣倩。9 月 16 日，全体社员 20 人在天津东南角草厂庵胡同 41 号召开了觉悟社成立大会。周恩来在会上慷慨激昂地念了由他起草的《觉悟的宣言》，宣布觉悟社正式成立。为了便于社员活动和保护自身安全，大家从 50 个号码中抓阄取名。周恩来抓的是 5 号，就以伍豪为名；邓颖超抓到 1 号，就以逸豪为名。觉悟社成立还不到一周的时间，李大钊先生因事来到天津，邓颖超自告奋勇，只身前往请李大钊到觉悟社演讲了 2 小时。

1919 年寒假，学校的课程已经全部结束，下学期学生就要参加实习。实习一学期后，邓颖超就要从女师毕业了。女师的课业是很重很难的，能考上已属难得，要想顺利毕业那就更难得了。31门课程可以有不及格的，学校列出一个毕业分数线，学生所有科目考试分数总分达到这个分数才可以毕业。这个分数线定得很高，如果有一两科不及格，就很难毕业了。最让学生们头疼的是几门艺术课。艺术细胞不是每个人都有，音乐、舞蹈、美术等课是不好混的。音乐课分唱歌和弹琴，毕业考试时，学生们要一个一个地走到台前给校长弹奏表演，校长点头才算过关。胆子小的女生最早提前一年失眠，能毕业的也差点被剥了一层皮，每个女师毕业生都要掉五六斤肉，本来就瘦的邓颖超就更加瘦了。

1920年初，为抗议省公署宣布天津各界联合会和学联为非法组织，学联决定在1月29日举行大规模的示威游行。领导这次运动的周恩来、郭隆真、张若茗（邓颖超的同班同学）等24名学生代表惨遭逮捕。邓颖超因为在1919年“双十”国庆节的游行活动中受伤吐血，而留在觉悟社做后应。觉悟社的主要成员被逮捕后，年纪小小的邓颖超只能和谌志笃两个人扛起领导天津学生运动的大旗，为营救被捕同学进行了艰苦斗争。经邓颖超等人的联络协调，1920年4月1日，全体被捕代表绝食抗议，一天水米未进。第二天，谌志笃和邓颖超等24名学生带着铺盖卷来到警察厅，要求替换被捕的24人。警方当然不能同意，但也经不住学生们内外联手一同施加压力，加之全国各地的指责，天津警察厅不得不宣布7月17日公开审理此案。法官装模作样地宣判每人获刑半年监禁，从被关押之日算起正好期满，所有在押人员当庭释放。

经过在天津五年的学习和五四运动的战斗洗礼，邓颖超于1920年夏完成学业，从直隶第一女子师范学校毕业。同年8月18日，她到北京高等师范学校附属小学任教，开始从事教育工作。1922年夏，她应天津达仁女校校长马千里之聘，到该校任教。1923年，邓颖超等人创办了旨在解放妇女的女星社。1923年8月25日，邓颖超创办了旨在增加女子知识和生活技能的女星补习学校。1924年，她加入中国社会主义青年团。1925年，她转入中国共产党，并担任中共天津地委妇女部长；同年与周恩来结婚。1925年7月13日，邓颖超奉党的指示南下广州，开展妇女运动，从此走上了艰苦卓绝的职业革命道路。

邓颖超也常常回忆起在女师念书的那段日子。她曾经饱含激情地说："对女师，我是很有感情的，至今还记得几句校歌歌词呢。"1986年6月13日，时任全国政协主席的邓颖超作为10学级的校友参加了母校——河北师范大学校庆80周年纪念大会。邓颖超在会上勉励母校师生员工永远忠于光荣的师范教育事业。她说："师范教育是件对国家、对人民极其有益的事情，是一项光荣的事业，你们有责任把它一代一代传下去。"邓颖超说，师范教育是培养做先生的人，这种人应当有理想、有道德、有文化、有纪律，能够全心全意为教育献身，也就是能全心全意为人民服务。她希望同学们热爱自己未来的事业，认真刻苦地学习，并衷心祝愿同学们学习好、身体好、工作好。大会上，82岁高龄的邓颖超双手举起鲜花深情地说：

“我要将这束鲜花献给我的母校——河北师范大学!”并且她发表了热情洋溢的讲话，说：“要我选择职业，我还是选择当教师!”老校友对教师职业的热爱打动了在场的每一个师大人的心，至今仍鼓舞着河北师大一代代的学子跨入人民教师的行业。

中国共产党早期女革命家郭隆真

郭隆真（1894.3～1931.4），原名郭淑善，化名石衫、石珊、林一、林逸，回族，河北省大名县金滩镇人。她是中国共产党早期的女革命家，是北方妇女运动的先驱者和工人运动的卓越领导人。1913 年，她入天津直隶女子师范学校读书。

在郭隆真的幼年时代，封建专制走向衰亡，民主革新思潮如地火一般奔突。开明而又有见识的父亲郭老攀给郭隆真以很大的影响。正是有了父亲的袒护，年幼的隆真不再受缠脚之苦，拥有了一双自由、健康发育的双脚，日后才得以如矫健的海燕一般，穿云破雾，战斗在最前列。隆真从小就表现出不同于一般乡里女孩的气质。她最大的兴趣就是读那些描写古代女英雄的小说，尤其是父亲经常给她讲谭嗣同、秋瑾等志士仁人的忠烈故事。童年的她就萌生一种愿望：长大了，学秋瑾，改变这不平等的世界。1909 年，15 岁的隆真冲破旧

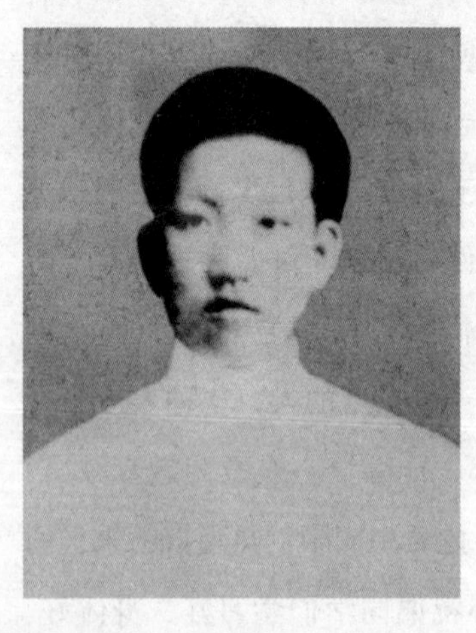

郭隆真

势力的束缚，和父亲一道，创办了一所女子小学。这是当时全县唯一的女子小学，也是河北平原农村中的第一所女子小学。她给那些从未进过学堂的女孩子起名字，教她们识字，给她们讲故事。淳朴的隆真一心想让女伴们通过上学读书，学习本领，取得和男子一样的社会地位。辛亥革命推翻清王朝的消息传到隆真的家乡后，女子小学越办越红火。1912 年，她随父搬迁至大名县城，边办学边学习，眼界更开阔了。可少女时代的隆真的内心无法平静，她渴望冲破封建的牢笼，到更广阔的世界去寻求妇女解放的真理。

恰在此时，天津直隶女子师范学校到大名县招生。她毅然报名，于 1913 年来到这所当时开风气之先的女子学校。这所由近代教育家、曾任清政府天津女学事务总理的傅增湘先生创办的学校，给了郭隆真一个全新的天地，更给了她更大的思考和活动空间。“崇实、明理、守法、合作”的校训，引导着走出家乡的她如饥似渴地学习文化知识。她在学业上进步很快，同时，在校园中又经常和刘清扬、邓颖超等有志气、有见地的进步同学一起探讨国事，一起研究妇女问题，思想逐渐走向成熟。

五四运动爆发后，经过长期思想准备的郭隆真，在女子师范这个崇尚民主自由、追求进步解放的摇篮中，腾飞起来了。她第一个起来，召集积极分子开会，商讨声援北京爱国同学事宜，与刘清扬、邓颖超等一起筹备成立了有 600 多人参加的“天津女界爱国同志会”，成长为天津女生运动出色的领导人之一。五四运动中，她虽三次身陷囹圄，仍坚持顽强斗争。1919 年 9 月 16 日，由周恩来等领导的“觉悟社”在天津成立。这是共产党诞生之前，北方最早的革命团体，郭隆真成为其中的重要骨干。

1920年，郭隆真和周恩来、张若茗等190多人一起赴法勤工俭学。1923年，经周恩来等介绍，郭隆真加入了中国社会主义青年团；同年转入中国共产党。1924年秋，她与李富春、蔡畅一起到苏联莫斯科东方大学学习。“五卅”运动爆发后，她奉调回国，在北京市党部工作，任妇女委员会委员。国共合作的复杂环境、瞬息万变的斗争形势，让她更加机智无畏、骁勇善战。

1927年4月28日，李大钊惨遭杀害。身在北京的郭隆真处境危险，但她仍镇定自若地坚持斗争。为了掩护同志们转移，她不幸被捕。一年后，她经党组织营救出狱。1929年春，郭隆真受党组织派遣，到东北从事工人运动。在白色恐怖十分严重的情况下，她向工人宣传革命道理，启发他们的觉悟，建立工会组织，领导工人开展各种形式的斗争。当时的满洲省委书记刘少奇称郭隆真是“工作上最积极，在政治上又正确的大姐”。

1930年秋，郭隆真奉派到山东工作，任山东省委委员，青岛市委常委、宣传部长等，主要任务是领导工人运动。1930年11月2日，郭隆真在青岛某公园和一位纱厂女工秘密谈话时突然被捕。敌人对她施以各种酷刑，逼她说出党的组织和她的任务，要她写悔过书。但她始终坚贞不屈，严词拒绝。连狱吏也不得不敬佩，称道实在是少见。1931年4月5日，年仅37岁的郭隆真在济南英勇就义。

出任国务院副总理的校友康世恩

康世恩

康世恩（1915～1995），河北省张家口怀安县人。他从家乡小学毕业，在宣化读完初中，1932年以优异的成绩考入当时非常有名的位于北平的河北省立北平高级中学（简称“河北高中”）。经过“一二·九”运动的洗礼，康世恩走上了革命的道路，成为共和国著名的创建者和建设者，并于1978年3月至1982年5月出任国务院副总理。

震惊全国的“一二·九”运动为中国的抗日战争进行了全面的思想动员，也锻炼和准备了干部队伍。在这次运动中，河北省立北平高级中学扮演着非常重要的角色，既是北平学生运动的积极参加者和组织者，又是河北全省学生运动的指挥中心。1935年，日本侵略者占据了我国东北，又入侵华北，中华民族已经到了生死存亡关头。中国共产党和中华苏维埃政府在红军长征途中发表《八一宣言》，谴责日本帝国主义的侵略罪行，谴责蒋介石和腐败的国民党政府的不抵抗政策，提出了民族统一战线的主张，号召全国人民，不分民族，不分阶级，“有钱出钱、有枪出枪、有粮出粮、有力出力、有专门技能出专门技能”，实施全民抗日。面对祖国的劫难、民族的危亡，康世恩忧心如焚，与同学们自发组织了抗日团体。读了《八一宣言》后，正处于愤怒和迷茫中的他深受鼓舞，积极投身于“一二·九”运动，投身于抗日救亡的革命活动中，并被选为学校抗日救国会委员。1935 年 12 月 16 日，为了反对“冀察政务委员会”的成立，北平学联组织了规模更大的示威游行。康世恩带领河北高中的学生积极参加了这次示威游行，后因此被学校开除学籍。从此，康世恩坚定地走上了为中华民族求解放的革命道路。

1936 年 2 月 13 日，北平学联组织西城区 300 余名学生护送康世恩等 10 名被学校开除的同学回校，遭到校方阻拦。愤怒的学生涌进校长室找校长说理。校长却避而不见，并且请来巡警围住学校，逮捕了未及时逃走的学生郭清，激起了爱国学生的更大义愤。后来，康世恩流落到上海，边学习边参加抗日的宣传组织工作。1936 年秋，他考入了清华大学地质系，在学校继续参加学生抗日救亡运动，并且加入了中国共产党，担任了清华大学学生救国会常委、中华民族解放先锋队清华分队队长。抗战爆发后，康世恩毅然投笔从戎，参加了抗日战争。他先后担任山西朔县战地动员委员会主任、县委统战部部长、牺盟会太原中心区组织部长、晋绥八分区行政公署专员。解放战争时期，康世恩任晋绥雁门军分区政治部主任、第一野战军第九师政治部主任。

中华人民共和国成立后，康世恩转业到国家石油工业的领导岗位，先后担任玉门油矿军代表、党委书记，西北石油管理局局长，北京石油管理总局局长，石油工业部副部长，石油化工部部长等要职。他于1978年3月至1982年5月任国务院副总理，是中国石油和石化工业的卓越开拓者、著名的无产阶级革命家。

共和国体育之子荣高棠

荣高棠（1912.5～2006.11），原名荣千祥，1912年出生于河北霸县（今霸州市）。1929年，他考入河北师范大学在北京的前身学校——河北省立第十七中学。1932年，他考入清华大学外语系；翌年加入中国共产主义青年团，成为“一二·九”运动的学生领袖。新中国成立后，他历任共青团中央书记处书记，中华全国体育总会副主席兼秘书长，国家体委秘书长、副主任，全国政协常委兼体育组长，中共中央顾问委员会秘书长，全国人民代表大会常务委员，国家体委顾问。1983年，他被国际奥委会授予奥林匹克银质勋章，成为获此殊荣的第一位中国人。荣高棠是新中国体育发展史上杰出的领导人、新中国体育事业的奠基人之一，被誉为“体育之子”。

荣高棠

在河北省立第十七中学，荣高棠一直使用荣千祥这个名字。中学时期的荣千祥，在民主进步思想的启蒙和教育中，便有了胸怀天下、立志革命的志向。荣千祥所就读的河北省立第十七中学，革命活动十分活跃，具有光荣的革命传统，从辛亥革命、五四运动到第一次国内革命战争，一直是学生进步活动的大舞台。荣千祥在校期间，正值第二次国内革命战争时期。九一八事变前后，全国涌动的革命热潮鼓舞了少年荣千祥。他积极参加了学生们组织的各项革命活动，逐步锻炼成长为学生运动的领袖人物。

九一八事变发生后，日本帝国主义的侵华行径激怒了全国人民，各地掀起了轰轰烈烈的抗日救亡运动。河北省大中学校学生迅速成立了“河北学联抗日会”，组织领导全省的学生抗日活动。成立大会于1931年10月11日上午在省立十七中校长办公室召开，出席会议的有省立二中、四中、五中、七中、八中、十二中、十四中、十七中、十九中、二十中以及二师、三师、四师、八师、九师、三女师的代表。其中省立十七中的代表有4人，分别是刘心志、肖汉英、杜仁溥、荣千祥，并且最后选出的抗日会主席是刘心志和荣千祥。省立十七中成为河北省大中学生抗日活动的中心。

之后，荣千祥和抗日会的同学们一起，宣传发动校内外的民众，积极投入抗日活动中。他们还编写了通俗易懂的《反日救国三字歌》，向社会大众宣传抗日救国，鼓舞民族士气。歌中说：“日本兵，不讲理，无抵抗，有亏吃：杀了人，占了地，烧了房，出了气。三省丢，河北急，军舰来，飞机去。你越迟，他越逼，退到头，只是死。国分崩，家离析，到那时，悔无及。要国存，要家立，须抵抗，须努力。头可断，血可沥，不屈服，不丧气。”为要求政府抗日，平津进步学生在中国共产党的领导下，组织了南下示威请愿团。省立十七中推选荣千祥、张连奎（新中国成立后曾任第三机械工业部部长、全国政协常委）、朱芳春等同学为代表参加了这个请愿团。请愿团的代表齐集前门火车站准备乘车南下时，遭到铁路当局的阻挠。学生进行卧轨抗议，荣千祥组织了卧轨纠察队，为卧轨队伍作警戒，保证了代表团顺利南下。

当时，学校的学生社团活动非常活跃，有学生自治会、反日救国团等，还有英语、数学、物理、化学、社会科学、文学、演说辩论、书法、画法等众多的研究会。荣千祥长于演讲，经常在学生集会上发表演说，是一位很有影响的活跃人物。因此，他还被推举为学生演说辩论会的负责人，组织学生多次进行演讲辩论。同时，他又是学生自治会干事，担任了学生自治会举办的民众夜校的教师，教授四年级的常识课。民众夜校是十七中的同学们自觉承担的一种社会责任，由学校学生自治会下设的民众教育部组织实施，校长由部长担任，面向社会招收无力读书的贫苦民众，除星期六外每晚上课，由学生自治会从在校学生中招募志愿者义务担任教职。民众夜校制定的校训是：热心公务，亲爱精诚，济穷扶弱，树立国基。从中可以看出当年同学们的爱国热情和远大理想。省立十七中的许多同学参加了民众夜校的教学和组织工作，产生了很好的社会影响。

更值得一提的是，荣千祥在校时十分热爱体育运动，组织和参加了学校篮球队，经常和同学们一块儿在校内外举行篮球比赛。当时，省立十七中名为“兵将局”的篮球队在京城颇负盛名，还曾代表河北省参加过全国的运动会。也可能正是在学校的早期介入，奠定了荣千祥终生献身体育事业的基础。新中国成立后，荣千祥正式更名为荣高棠。1952 年 7 月，荣高棠率领新中国第一个体育代表团前往芬兰赫尔辛基，参加第 15 届奥运会。奥运会上第一次升起了五星红旗，荣高棠成为这一历史时刻的见证人和主持人。

“我是中国人，我要救中国！”的英烈郭清

郭清

1936 年 3 月，北平学联组织举行了一次声势浩大的抬棺游行。这次游行是由郭清被害引起的。郭清烈士是河北师范大学的校友，当时还是河北省立北平高级中学的学生。1934 年，郭清从山西介休老家赴北平投考河北省立北平高级中学。那年报名投考者近 4000 人，录取 150 人，郭清以第一名的成绩被录取。

1935 年，日本侵略军大举入关，并策划“华北五省自治”。7 月 6 日，经过秘密协商，国民党政府北平军分会代理委员长何应钦，无条件答应了日本侵略军华北驻屯军司令官梅津美治郎的无理要求，签署了臭名昭著的《何梅协定》。按照协定，国民党政府取消了在河北的党政机关，撤走了驻河北的中央军和东北军，并酝酿成立冀察政务委员会，拱手将河北让给日本，致使华北陷入危机，中华民族面临生死存亡关头。为

挽救危局、团结抗日，中共中央于8月1日发表了《为抗日救国告全国同胞书》。北平学生在地下党的领导下，纷纷发表抗日宣言，要求“停止内战，一致对外”，“严惩卖国贼”。12月9日，北平各大中学校学生举行声势浩大的游行集会，即“一二·九”运动。12月16日，北平的爱国学生再次游行示威。河北北平高中的许多学生积极参加了两次游行，并组织成立了学生自治会，在寒假期间组织抗日救亡运动，参加“平津学生南下扩大宣传团”深入农村宣传抗日，还成立了中华民族解放先锋队。学校当局得知这一消息，遂于1936年春季开学初，宣布将爱国学生康世恩、袁心纯、王亢之、刘耀宗、樊星照、司东来、张行言等10人开除学籍。

学校当局这一反动行径，激怒了广大进步学生。学生们当即宣布罢课，要求校长收回成命。被开除的同学投宿北大，受到北大同学的热情接待。2月13日，北平大中学校300余名学生护送10名同学回校，遭到校方阻拦。愤怒的学生砸了校长和训育员办公室。校方请来反动军警围住学校，逮捕了未来得及逃走的学生郭清。郭清同学被押送到警察局，遭严刑拷打，3月9日死于狱中。郭清临终前只说了一句话：“我是中国人，我要救中国!”

噩耗传来，河北北平高中的学生义愤填膺，请法医给郭清验尸，拍了照片，召开追悼会。3月31日上午9时，北平学联为郭清烈士举行公祭大会，1300多名同学齐集北平大学三院礼堂。会后，大家抬着空棺材举行游行，抗议当局的暴行。游行中，多名学生被打伤，52名学生被捕，后经多方营救获释。

在总结这次游行的经验教训时，中共北方局书记刘少奇同志发表《论北平学生纪念郭清烈士的行动——给北平同志的一封信》。他在信中说，郭清是应该追悼的，应利用这件事来激发群众抗日反汉奸的情绪，但不应采取今天这样的方式，这是缺乏斗争经验的表现。之后，刘少奇同志又因此发表了另一篇文章《肃清立三路线残余——关门主义和冒险主义》，为北平的学生运动指明了方向。

2 学术大师

哲学家和社会活动家梁漱溟

梁漱溟（1893.10～1988.6），原名焕鼎，字寿铭，蒙古族，中国近代著名的思想家、哲学家、社会活动家、国学大师。1893年重阳节生于北京，祖籍广西桂林。1906年考入顺天府（中）学堂（次年更名为“顺天高等学堂”，为河北师范大学前身），开始了长达五年半的中学生活，学习国文、英文及数、理、化各科。

梁漱溟

梁漱溟生性聪颖，对学到的知识能够很快领悟。在其自述文录《我生有涯愿无尽》中，他对自己中学时代的学习做了这样的描述：英文读本先生教到全书一半时，我亦能读到三分二；纳氏英文文法，先生教第二册未完，我研究第三册了；代数、几何、三角各书，总亦走在先生教的前面。梁漱溟肯独立思考，富有个性，喜欢作翻案文章，不落俗套。老师为其写下了“语不惊人死不休”的赞语。中学时代得天独厚的课外读物，为爱好自学、善于探究的梁漱溟提供了便利的条件。他利用课外时间阅读了大量读物，对《新民丛报》《新小说》《立宪派与革命派之论战》，以及《国风报》《民主报》等进行了认真研读。

“中学时代对梁漱溟的一生具有重要的意义。”历史学家白寿彝在《中国通史》中做出了这样的评价。梁漱溟在顺天高等学堂就树起了社会与人生的文化旗帜。晚年的梁漱溟曾饶有兴趣地回忆起中学时代的学习生活。他说，自 14 岁进入顺天府（中）学堂后，在五年半的学习生活中，“便有一股向上之心驱使我在两个问题上追求不已：一是人生问题，即人活着为了什么；二是社会问题，亦即中国问题，中国向何处去。这两个问题的开端和确立，便自中学时代始。无论在人生问题或中国问题上，我当时都有充分的自学资料”。“那不成熟的心灵较为自觉地负上了救国救世的沉重担子。”这位哲学大师能够成就终身事业是靠理想引路，而理想源自母校顺天中学堂。

梁漱溟在晚年时也写道：“对人生问题之追求，使我出入于西洋哲学、印度哲学、中国周秦宋明诸学派间，而至后来被人看作是哲学家。对社会问题之追求，使我投身于中国社会改造运动，乃至加入过革命组织。总论我一生八十余年（指 14

岁以后——编著者注）的主要精力心机，无非都用在这两个问题上。”

1911 年，梁漱溟中学毕业后，围绕“人生”和“社会”两大问题开展学术研究并积极投身社会活动。他曾参加同盟会京津支部，热衷于社会主义，著有《社会主义粹言》小册子，宣传废除私有财产。20 岁起，他潜心研究佛学，出版《究元决疑论》，受到学术界好评。1917 年，他受蔡元培之聘任北大讲师，后升为教授。其间，他发表《东西文化及其哲学》一书，阐发其新儒家思想，在学术界颇有影响。1924 年，他辞去北大教职，到山东、河南从事“乡村建设”，并发表了《中国民族自救运动之最后觉悟》《乡村建设理论》等系列著作，试图通过乡村建设达到挽救国家在政治上和经济上落后的目的。抗日战争爆发后，他参加抗战活动。1940 年，他参与发起中国民主同盟，后赴香港办同盟机关报《光明报》。1941 年，香港被日军占领后，他回到内地。1946 年，他参加重庆政治协商会议，代表民盟参与国共两党和谈。新中国成立后，他出任中国人民政治协商会议委员。1953 年，因为批评当时的农民政策，提出“工人在九天之上，农民在九地之下”的“九天九地”的言论，他在 1953 年 9 月举行的中央人民政府委员会第 27 次会议上，受到毛泽东等领导人的政治批判，以后主要在家从事理论研究，发表了《人心与人生》《东方学术概观》等著作。1974 年国庆招待会之后，哲学社会科学部领导小组给毛主席、周总理写了一份简报，反映出席国庆招待会的知名学者的雀跃之情。毛主席阅后很高兴，在这份简报上批示："金无足赤，人无完人。名单上的人参加招待会甚好，可惜没有周扬、梁漱溟。"凡是经历过"文革"的人，都听说过"金无足赤，人无完人"的名言，却并不知道后边还有一句"可惜没有周扬、梁漱溟"。这是因为当时的特定情况，没有能公开全部引用这段批示。毛主席这个批示的重要性在于：一是点梁漱溟的名，有其统一战线政策上的典型意义；二是证实了即使1953年之后毛泽东与梁漱溟中断了见面长谈，但毛泽东没有忘却梁漱溟这位特殊的老朋友。从这两个方面看，毛泽东的这个批示，既是政治性的，又是充满友情味的。80年代以后，梁漱溟恢复政治和学术活动，继续宣传中国传统文化复兴的思想。

1988年6月23日，梁漱溟因病去世，享年95岁。其著作被编为《梁漱溟全集》（共8卷），由山东人民出版社出版。

"中国共产党的老朋友"——张申府

在河北师大的历史上，有一位身世奇特的校友——张申府。他是著名哲学家，一生中参与过中国共产党的创建，做过北京大学教授和北京图书馆研究员，担任过第五、六届全国政协委员，也因个人原因而退党，还被打成右派，半生郁郁。1986年他去世时，《人民日报》发表讣告称他为"著名的爱国民主人士""中国共产党的老朋友"。

张申府（1893.6~1986.6），原名张崧年，河北献县人。1906年，在接受儒家的启蒙教育后，张申府随亲属到北京求学。1908年，他以总分第一的成绩考取顺天高等学堂中学班，接受了最初的近代科学教育。70多年以后回忆起在顺天高等学堂的

张申府

学习生活，张申府仍兴奋不已："1909 年我入读顺天高等学堂（史料记载张申府于 1908 年 8 月考取顺天高等学堂并注册——编著者注），这是北京一所新式的中学，是最先结合中西学术的学校之一。顺天学堂教授日文和英文，也教科学和数学；我对数学最有兴趣。自然，我们仍然要读中国历史和文学。"

在顺天高等学堂，张申府与郭晓峰、朱羲胄、梁漱溟等倾向革命的几位同学结成了好朋友。郭晓峰善于演讲，热情地支持孙中山先生和革命党，积极参加反清革命活动，对张申府影响很大。郭晓峰和李大钊是同乡，他介绍张申府认识了李大钊，并引导张申府走上了革命的道路。这期间，张申府对数学和逻辑产生了极大的兴趣，确定了他终生的学术方向。

1913 年，张申府考入北大预科，第二年入北大攻读哲学，后改学数学。1917 年，张申府毕业留校做助教，教数学和逻辑。五四运动爆发后，张申府参加了少年中国学会、新潮社的活动，任《新青年》编委，与李大钊、陈独秀共同创办了《每周评论》。1920 年，第三国际的代表魏金斯基来华指导建党工作，李大钊、陈独秀与青年张申府多次讨论建党问题，成为中国最早的共产党人。当时，中国出现留法勤工俭学热，李石曾在法国里昂大学创办了一所中国学院。1920 年底，张申府以北大校长蔡元培秘书的身份赴中国学院任教。离华前，他还专程到上海探访陈独秀，接受了在欧洲发展中国留学生入党的任务。在巴黎，张申府见到了在那里勤工俭学的周恩来。他先后介绍刘清扬、周恩来、赵世炎、陈公培等入党，成立了巴黎共产主义小组。1922 年，张申府在德国与周恩来一起介绍朱德加入了中国共产党，并成为中共在欧洲各地党组织的正式召集人。

1923 年底，张申府回到广州，经李大钊介绍任广东大学教授。同时，他被任命为黄埔军校政治部副主任。1925 年，在中国共产党第四次全国代表大会上讨论党的纲领时，张申府因与人发生争执而负气退党。此后，张申府以教书和翻译著述为生。他曾任清华大学哲学系教授，并在北大、北师大任教，在学术界有较高的声誉。九一八事变后，张申府利用讲坛宣传爱国主义，投身抗日运动。1935 年，他因参加“一二·九”运动任游行总指挥被捕入狱，由冯玉祥将军保释出狱后，继续参加救国民主运动。1938 年 7 月，国民党在汉口召开了国民参政会一届一次大会，张申府与“救国会”的沈钧儒等六人被聘为第一届参政员。1942 年，张申府加入民盟，任中央常委。1946 年 1 月，他出席了在重庆召开的政治协商会议。1947 年初，他回到北平。1948 年 10 月，因昧于战争形势，他写了一篇名为《呼吁和平》的文章，受到共产党人和民盟领导人的批判。

中华人民共和国成立以后，在周恩来总理的关怀下，张申府被安排在北京图书馆任研究员，1957年被错划为右派，在“文化大革命”中受到冲击，1979年获彻底平反。1986年，张申府走完了他坎坷而又颇富传奇色彩的一生。在学术上，张申府一生钟情于数学和逻辑，致力于将孔子、马克思、罗素思想相结合的哲学研究，著述颇丰。2005年初，河北人民出版社出版了《张申府文集》，共4卷。

国学大师汤用彤

汤用彤（1893～1964），字锡予，出生于甘肃渭源，祖籍湖北黄梅，中国著名哲学史家、佛教史家、教育家。汤用彤与梁漱溟、张申府是河北师范大学历史上顺天学堂时期走出的三位著名的哲学家。他们三人都出生于1893年，有同庚之谊，又分别于1906年和1908年考入顺天学堂，在校时就互通声气，切磋学问，臧否人物，指点江山。毕业离校后，他们则分别走上大学讲坛，投身社会革命，成为中国20世纪的风云人物。汤用彤最终成为近代著名学贯东西的国学大师。

汤用彤

汤用彤的父亲汤霖是光绪十五年（1889）进士，是一位很有修养的知识分子。汤用彤3岁时，有一天突然一字不差地背出了《哀江南》，其父非常惊异。由此，他很早就在父亲的教馆中接受教育。1908

年，汤用彤15岁时，考入顺天高等学堂中学部。其时，他已“寄心玄远之学，居恒爱读内典”。入学后，他曾经和梁漱溟同读印度哲学著作及佛教经典。

1911年，汤用彤从顺天毕业考入清华学校，被编入国学特别班，与吴宓（1894～1978，1921年哈佛大学文学硕士，著名学者、教授）成为同学、挚友。“文革”中，吴宓回忆说：“1911年至1913年，清华学校把国文较好、爱读国学书籍的学生七八人选出，特开一班，派学问渊博、有资格、有名望的国文教员姚茫父、饶麓樵诸先生来讲授。此特别班的学生，有何传骝（高等科），有刘朴、汤用彤、吴宓、闻一多等……”

1916年，汤用彤考取官费留学，因眼疾未能成行，任清华国文教师，主编《清华周刊》。第二年赴美，留学明尼苏达州汉姆林大学，主修哲学，后转入哈佛大学研究院，1922年获哈佛大学哲学硕士学位。回国后历任东南大学、南开大学、中央大学、北京大学教授，北京大学哲学系主任、文学院院长。1947年被中央研究院选为院士、评议员，兼历史语言研究所北京办事处主任。1949年1月后，任北京大学校务委员会主席，主持北大校务。1952～1964年，任北京大学副校长、中国科学院哲学社会科学学部委员，全国政协一、三届委员，全国人大一、二、三届代表。1964年病逝。

汤用彤毕生致力于国学和印度哲学研究，精通梵文、巴利文等多种外语，教学和研究领域涉及中国佛教史、魏晋玄学、印度哲学史、西方哲学史、欧洲大陆理性主义、英国经验主义、逻辑学、哲学概论等，在清华读书时就发表了长篇论文《理学谵言》，以为“理学者，中国四千年之真文化真精神也”。他一生的主要著作有《汉魏两晋南北朝佛教史》《隋唐佛教史论稿》《印度哲学史略》《汤用彤魏晋玄学讲义》等等。2000年，河北人民出版社出版了《汤用彤全集》。

汤用彤是现代中国学术史上少数几位能会通中西、熔铸古今的国学大师之一。季羡林先生认为：“太炎先生以后，几位国学大师，比如梁启超、王国维、陈寅恪、陈垣、胡适等，都是既能熔铸古今，又能会通中西。……我认为，汤用彤（锡予）先生就属于这一些国学大师之列。”汤用彤本着“文化之研究乃真理之探求”的治学精神，精考事实，探本求源，通过对民族文化发展、沿变历史及中外文化交流历史的研究，总结规律，展示经验和教训，以解决中国文化如何发展的问题，为中华民族的新文化建设做出了巨大的贡献。

巾帼博士第一人张若茗

张若茗

张若茗（1902～1958），字砚庄，河北清苑县人，直隶第一女子师范学校第10学级学生，觉悟社成员。1930年，她毕业于法国里昂大学，获博士学位，是“中国最早的留法女博士”。

张若茗在1916年考入直隶第一女子师范学校，与邓颖超同为第10学级学生。在直隶第一女子师范学校，张若茗从来都是全学校最晚入睡最早起床的学生，从来没有间断过，在休息日也是如此。她的学习成绩也是全班最好的一个。

五四运动时期，张若茗积极投身爱国学生运动：组织天津“女界同志爱国会”，被推为评议部部长；作为天津的正式代表，两次去北京参加反“巴黎和会”签字请愿活动；与周恩来等组织天津爱国学生进步团体——觉悟社；受天津学生联合会推举，在1920年初，与周恩来、郭隆真、于方舟等同学，代表天津数千名学生到直隶省公署请愿，抗议日本人在福州打死爱国学生，遭警察厅关押。在狱中，她毫不动摇，坚持同狱方进行斗争。张若茗在五四运动时期表现出的爱国品质、无畏精神和组织能力令人敬佩。

1920年7月，周恩来等四人结束了长期狱中斗争生活。觉悟社考虑到他们的安全，一致同意他们去法国留学深造。1920年11月，周恩来、郭隆真、张若茗等一起登上法国“波尔多斯”号轮船离沪赴法国。1922年，郭隆真、张若茗在法国参加了“少年共产党”。张若茗聪颖好学，法语进步很快，能够畅读法文版马克思主义著作。在少共组织内，她写出多篇宣传马克思主义的文章，在少共《赤光》杂志上发表，或后由周恩来带回国内公开出版。由于法语口语流畅，又是女子，便于隐蔽身份，张若茗在少共组织内还担负起与法共保持秘密联系的特别任务。1924年1月21日，列宁逝世，法国共产党里昂支部决定举行追悼大会。法国政府不允许外国共产党参加。但少共主要负责人冒险行事，坚持派张若茗参加大会并发言。结果，张若茗险些被法国当局驱逐出境并一直被警方跟踪盯梢。又因出身问题，她在党内受到审查。这两件事使她感到委屈和不满。经过激烈的思想波动，张若茗决定退出少共，留在法国专心读书，并坚定表示为党保守机密。

1927 年，张若茗考取里昂大学，并准备在那里攻读博士学位。她是著名心理学家赛贡教授的博士研究生，从心理学角度研究法国文学史和文艺理论。她刻苦学习，赛贡教授评价说："张若茗的成绩是我们学院的光荣。"1930 年 5 月 31 日，张若茗与里昂大学的杨堃结婚。秋季，她完成博士论文《纪德的态度》，获得里昂大学最优秀成绩并获得奖金。诺贝尔文学奖获得者纪德对她的论文给予高度评价。

1931 年元旦刚过，张若茗、杨堃满载"中国最早的留法女博士"和中国第一对"博士夫妻"的荣耀，回到北平。张若茗被聘为北平中法大学文学院教授。杨堃回到原保送他留学的河北农业大学任教。1948 年春，张、杨夫妇接受云南大学校长熊庆来先生的邀请，举家南迁。张若茗任云南大学中文系教授。1955 年春，周恩来总理与张、杨夫妇在云南大学有一次愉快的会面。周总理亲切转达了邓颖超对若茗的问候。这次会面，给张、杨夫妇以很大的精神动力。他俩勤奋工作，在教学、科研方面均取得突出成绩。2000 年，云南大学校友聚会的一篇《会泽园情思》诗歌中，用"一代风流张若茗，西洋文学尽通晓"来描述恩师张若茗。当时，讲到张若茗教授大家闺秀、风度翩翩、满腹才学的讲课情景时，同学们称她为"东方的巴黎女郎"。这段师生情思，已跨越了半个世纪。

1957年，张若茗被“反右派”的政治风暴吞噬。1958年6月18日，她带着泪水洗不清的“诸多罪名”，没有遗言、没有分辩、没有亲人，独自走向生命终点。一代人生，就是一部传奇，张若茗曾高举过的革命火炬和巾帼博士的桂冠，将永远闪烁着光芒。

著名电工学家严陆光

严陆光，原籍浙江东阳，1935年7月生于北平，1949～1952年就读于河北省立北京高级中学（1949年改名为河北北京高级中学），著名电工学家，中国科学院院士，中国科学院能源研究委员会委员，第八、九、十届全国政协委员。

1949年春，母亲带着严陆光等兄弟三人从昆明回到北京。当时，严陆光在云南师院附中才念了一个多学期，初中还没有毕业。但严陆光学习基础比较好，经过短暂的准备，他就参加了当年的高中升学考试，考入了位于地安门的河北省立北京高级中学，简称河北高中。当时，这所学校在北京非常有名，与北师大附中、北京四中齐名，是当时北京最有名的三所中学之一。因河北省简称为“冀”，所以河北高中又称“冀高”，是河北省属的一所专门招收男生的学校。招收的学生大都来自河北各县的农村，以农民子弟为主。

当时，北京刚解放不久，学校的条件还非常艰苦。严陆光才14岁，生活还不能完全自理，但他并不依恋家中舒适的环境，与其他同学一样住校，周日才回家。在学校里睡的是木板床的通铺，伙食大半是粗粮，如窝窝头、棒子面等。每周末他回家时，母亲总是做点好吃的给他吃。当时能吃一次在学校吃不到的枣糕，对他来说已是很大的享受。虽然学校生活清苦，但这个学校的学生都是来自各地的学习尖子，学习上都很努力，教师对学生的要求也非常严格。在这样清苦勤奋的环境中，严陆光学习了三年，养成了刻苦用功、处处严格要求自己的性格。由于初中比其他同学少读一学期，刚进高中时，他的学习成绩并不突出，高二以后有了明显的进步，到了高三时在班里已经是名列前茅了。

新中国成立初期，学校普遍重视思想政治教育，平常政治活动比较多。学生在课余还要参加各种集体劳动，有时还要去老百姓家里宣传党的政策。严陆光参加了青年团，并积极参加“歌咏团”活动，作为“打虎队员”参加过“三反”“五反”运动。他不是表现非常突出的积极分子，所以也不被人所注意。“抗美援朝”战争爆发后，学校动员学生去军干校，为“保家卫国”做准备。当时，几乎全班同学都报名要求参军，有些同学被批准参军。经过这些运动的洗礼，大家的爱国主义思想大大提高了。当时，整个学校气氛也非常好，大家的组织纪律性非常强。

高中时期，正是一个人的人生观、价值观养成的重要时期。学校特别重视培养学生的正确人生观，即要懂得“自己为什么活着”，明确对人生的看法。那时，学校要求每个学生通读背诵“老三篇”——《为人民服务》《愚公移山》《纪念白求恩》。而且当时中苏结盟，中国奉行“一边倒”的外交政策，什么都学苏联老大哥的。当时，苏联的一些小说和电影对中国青少年影响很大。严陆光也读了大量的苏联小说，如

《钢铁是怎样炼成的》《青年近卫军》等等。给他留下很深印象的是一本名为《卓娅和舒拉的故事》的书，当年这本书在中国非常流行。这是一本反映苏联人民抗击德国法西斯的小说。书中，卓娅有一句话："一个人活着，应该要使别人更幸福。"严陆光看后，觉得这句话很有意义，非常受教益。这句话对他以后工作目标的选择，起了非常重要的指导作用。他在考虑有些事情做不做的时候，总是先想一想对大家有没有好处。高中时期是他人生观逐步养成的重要时期，对他后来的学习与工作产生了重要的影响。

1952 年，严陆光高中毕业。当时，河北省准备在河北高中的基础上创办一个河北省北京师范专科学校。学校动员党员、团员带头报考新成立的师专，毕业后当中学教师。严陆光已经是一名青年团员，就第一志愿报考了师专。高考结束后，他自我感觉考得还不错。发榜那天，他早早就去"看榜"，结果找了半天，却没有发现自己的名字，连所报考的第一志愿——河北师专录取名单上也没有他的名字。大哥又光从西郊回来，仔细看了榜，发现陆光被北京俄文专修学校二部录取。当时，大哥很不理解，为什么陆光要报俄专呢？为什么要去读俄语？难道想去当翻译？后来，同事告诉他是为留苏准备的，他兴冲冲赶回家报信。严陆光听说被录取在俄专，刚开始也不高兴，怎么上了一个自己没有报过名的学校？后来听说可能留学苏联，这才高兴起来。之后经过当时正在教育部当高等教育司副司长的舅舅张宗麟的确认，全家皆大欢喜。当时，国家决定派一批学生到苏联留学，从高考中录取了成绩优异的前 280

余名进北京俄文专修学校，每个地区录取六七十人。这一届既是空前又是绝后的，以后国家再也没有进行过类似留学选拔。当年，河北高中毕业的3个班八九十人中，有十多人考上北京俄文专修学校，严陆光同班中也有六七名同学一起考上，他名列第一，是华北地区第五名。

北京俄文专修学校二部是“留苏预备班”。在这里学习的学生经过一年的俄语强化学习和思想政治教育及政治审查后，将被派到苏联留学。但一年期满，严陆光却因政审不过关，没能出国。严陆光的志愿是成为一名技术专家，所以他选择到当时国内理工科最好的清华大学去学习。在专业选择上，他原来想选当时非常热门的航空专业。但后来一想，既然自己是因为政审没有通过才被取消留学资格，那么选择与国防相关的专业可能以后也会产生一些麻烦。经过斟酌，在参考了父母的意见后，他最后选择了清华大学电机系。在清华大学就读一年后的1954年8月中旬，严陆光终于踏上留苏的行程，来到莫斯科动力学院电力系电工专业学习。五年半学制的课程，严陆光四年半时间就完成了，毕业时还获得了“电气工程师（优秀）”称号。

从莫斯科回国后，严陆光被分配在中国科学院电工研究所工作，开启了他为科学而献身的一生。在中国电工新技术的发展中，严陆光开创了大能量电感储能装置的系统研制；领导研制和建成了中国第一台聚变托卡马克CT－6的电磁系统；进行了多方面超导电工的应用基础研究，领导研制出多台实用超导磁体；组织领导了国家“863”计划燃煤磁流体发电主题工作，开创了磁流体船舶推进工作；组织研制和建成了空间阿尔法磁谱仪的大型永久磁体；倡导与推进了中国可再生能源发电、电动汽车与磁浮交通的研究发展；进行了中国能源可持续发展与未来综合能源基地建设的战略研究。严陆光以卓越的成就当选中国科学院院士、国际欧亚科学院院士、乌克兰科学院外籍院士、第三世界科学院院士，成为著名电工学家。

心系母校的著名科学家郝柏林

郝柏林，1934 年 6 月 26 日生于北平，河北省立北京高级中学 1953 届毕业生，1980 年 11 月当选为中国科学院数理学部委员（院士），1995 年当选为第三世界科学院院士，主要从事理论物理、计算物理、非线性科学和理论生命科学的研究。

抗日战争时期，郝柏林在四川读小学，家中买了一套《中华少年自然科学丛书》。这套草纸印的 32 开本书，从天文气象讲到化学生物，把年幼的郝柏林领进神秘的自然科学世界。作为一名著名物理学家，郝柏林说，在中学时代有两件事引发了他对物理的兴趣。第一件事情是小学毕业的时候，抗战已经胜利，全家迁回北平。那个时候，在北京什刹海晓市上有很多卖破烂的，里面有很多美国军队留下来的无线电零件，都是真空管、电子管、电阻、电容这种东西。他就到晓市上寻找各种东西，然后自己做收音机什么的。第二件事就是受冀高的物理老师李直钧的影响。他说，李直钧老师是清华大学航空系的毕业生，课讲得非常之好，但是绝对不合乎教育领导部门对教学的要求。记得有一次，李直钧老师在物理课的课堂上，讲了非常多在当时说来非常新的知识。到快下课了，他忽然问大家，今天该讲什么来着。同学们说今天该讲什么什么。李老师听了就说，那书上都有了，你们自己看看吧。郝柏林说：“我们的物理就是这么学过来的，这个老师的许多话我现在还记得。他在课堂上说，我的学生物理就得比别人好，我要有十分力气，我只能用七分教你们，剩下那三分我还得自己念书呢。就这么个老师，影响了很多人。在他影响之下，学物理的可不止我自己一个人。”

李直钧

谈到影响自己专业兴趣选择的李直钧老师，郝柏林还饶有兴致地讲述了自己与这位李老师交往的一些往事。郝柏林说：“我们冀高由于有基础，后来变成了河北北京师范学院，最终成为在石家庄的河北师范大学的一部分。那个时候按照苏联的教学法，又是师范学校，讲武断教学，李直钧老师的讲课自然通不过。学校虽然给了他副教授头衔，后来给了教授头衔，但不让他讲课了，因为按照他这样讲课，培养不出好的标准师范生。学校就让他做图书馆馆长，他一直到去世都做图书馆馆长。他在做图书馆馆长的时候，我们老同学去石家庄看望过他，发现老头在家里学德文。他那个时候已经80多岁了，还在学德文。我们就问他说：‘李老师您怎么还在学德文呢?'他回答说:'我的德文还没有过关。'李老师就是这样一辈子学习、工作，很有精神的一个老头。"

1949年北平解放，郝柏林同无数的青少年一样，满怀热情地参加了各种政治活动。在此后至高中毕业的8个学期里，郝柏林做了7个学期的学生会工作，而且在学生会的职位都是公开竞选得来的。因为是学生会干部，郝柏林可以每周"因公"旷课达30小时。有一次期末考试考化学，他只得了59分，卷子发下来，上面却写着75分。他很诚实地对老师说分数不对。老师却把卷子一抖，对同学们说:"郝柏林工作挺积极的，给他75分行不行?"同学们纷纷起哄叫好。这事让自尊心极强的郝柏林大受刺激。他意识到必须学好功课，从此开始一边做社会工作，一边抓紧学习。

1953年中学毕业考大学时，郝柏林填报的三个志愿分别是北京大学物理系、北京大学数学系和北京大学哲学系，结果被录取到北京俄语专修学校留苏预备部。在9个月的俄语学习和3个月的"忠诚老实运动"之后，郝柏林被派往苏联哈尔科夫工程经济学院。组织分配给他的学习专业是矿山工业的经济和组织。作为这所学校的中国留学生负责人，郝柏林只有努力学好一切与经济有关的课程，包括中国学生大都不喜欢的苏联经济地理。在中苏同学中，他的各门功课都是最好的，所有的老师都希望他能攻读自己喜欢的专业。郝柏林没有放弃自己原先的理想——学习理论物理。但物理很难自学，他就决定自学数学。1956年，郝柏林所在城市中国学生党总支书记知道了他的梦想，于是向大使馆反映，最后郝柏林被批准转学。两年的数学自学，让郝柏林顺利闯过哈尔科夫国立大学理论物理教研室主任栗弗席兹的数学面试。栗弗席兹对系主任说："这个学生的数学比物理系三年级知道得多。"此后，郝柏林用3年的时间就修完物理系5年的课程。1959年，郝柏林获得哈尔科夫国立大学物理数学系的优秀毕业证书，由此踏上理论物理研究的道路。1961～1963年，郝柏林在莫斯科大学物理系和苏联科学院物理问题研究所攻读研究生。

回国后，郝柏林历任中国科学院物理研究所助理研究员、研究员，理论物理研究所研究员、副所长，数学物理学部委员，2005年以来任复旦大学教授、美国圣菲研究所外聘教授等职。他主要从事理论物理和计算物理方面的研究，60年代初从事固体能带理论和输运过程理论研究；70年代研究天线辐射场、高阶自动调节系统、地震活动性分析等计算物理课题，同时在晶格统计模型、连续相变理论、临界动力学和闭路格林函数的研究中，取得较好的成绩；80年代以来从事混沌现象的理论和数值研究，发展了理论物理中的人工智能方法。1997年，他转入生物学研究领域，在相关研究领域发表学术论文150余篇，出版中英文著作14部。其研究成果先后获中国科学院重大成果奖、中国科学院科技进步奖二等奖、中国科学院自然科学奖一等奖、国家自然科学奖二等奖、国防科工委科技进步奖二等奖等。2001年，他获"何梁何利基金科学与技术进步奖"物理学奖。

2010年1月，郝柏林应邀重返母校河北师范大学，进行了为期10天的"理论生命科学"专题系列学术报告，并向母校赠送了自己的系列学术专著。多年来，郝柏林一直关心着母校的发展。早在1989年，他就赠送母校进口的“光学演示设备”一套；90年代中期，又赠送“Sun 工作站”一台。2009年，在河北师范大学学科建设高级研讨会上，他对母校的学科建设和发展给予了很好的指导和建议，还对母校的历史沿革和校史资料给予补充，并向母校引荐知名校友，为校史的抢救和丰富做出了积极贡献。

2010年1月郝柏林在河北师范大学讲学

3 文化名流

著名社会活动家许广平

许广平（1898.2.12~1968.3.3），笔名景宋，人称许景宋，广东省番禺县人，直隶第一女子师范学校第12学级毕业生，著名社会活动家。

许广平是显赫的近代广州第一家族许拜庭的后人。家族中人才辈出，如反英军入广州城斗争的功臣许祥光、有“许青天”之称的许应鎔、廉洁清官许应锵、民国粤军总司令许崇智、辛亥革命元老许崇灏、有“铁血将军”之称的东征名将许济、红军名将许卓、著名教育家许崇清等。其父是个半开化的绅士。从小就具有叛逆精神的许广平经过斗争，居然被允许像男孩子一样读书、学官话、上学堂，连缠足的罪也免受了。1917 年，许广平考入天津直隶第一女子师范学校预科；翌年升入本科，为第 12 学级学生。1919 年，五四运动的消息传到天津，在直隶第一女子师范学校学习的许广平立刻投身到如火如荼的反帝反封建运动中。五四运动第二天，郭隆真召集女师各学级代表开会，第 12 学级参会代表是许广平、徐兰、吴瑞燕同学。会议要求女界联合起来，声援北京爱国学生，开展反对日本帝国主义侵略、惩办卖国贼等活动。会议决定：女师与天津其他女校联合，组织成立“天津女界爱国同志会”，女师毕业生刘清扬任会长。许广平等四人任天津女界爱国同志会会刊《醒世周刊》编辑，许广平亲自撰写并发表了许多关于妇女问题的文章。

许广平

1922 年，许广平考入国立北京女子高等师范学校国文系。在鲁迅的教育和启发下，她的思想不断提高。她以学生会总干事的身份，成为女师大学生运动的骨干，曾与刘和珍等携手并肩战斗，并写下了大量揭露和批判北洋政府黑暗统治的战斗檄文。这时，许广平还热诚支持鲁迅的创作和研究工作，经常帮助鲁迅校对和抄写稿件，并积极为鲁迅创办的《莽原》

周刊撰稿。当北洋军阀政府迫害女师大的进步学生时，鲁迅挺身而出，支持和保护学生。这一切，使得许广平和鲁迅之间的思想感情日益接近，产生了爱情。

1927 年，许广平与鲁迅结为终身伴侣。在此后的国民党反革命文化“围剿”中，鲁迅和许广平过着动荡、艰苦的生活。为了使鲁迅把全副精力放在工作上，她不但精心照料鲁迅的饮食起居，还替鲁迅购买书籍、抄写稿件、查找有关资料、校对译著等。由于许广平的得力相助，鲁迅后期10 年的创作成果，竟超过了前 20 年。鲁迅时常对许广平说：“我要好好地替中国做点事，才对得起你。”在连年的白色恐怖和兵灾战祸中，许广平和鲁迅共同度过了那艰难的岁月。

鲁迅与许广平

1936年10月，鲁迅与世长辞后，许广平决心完成鲁迅的未竟之业。1937年4月，她将鲁迅1934～1936年的杂文13篇编成《夜记》出版。1938年4月，她编成了《集外集拾遗》。同年8月，由胡愈之发起，许广平、郑振铎等20人组成的“复社”，以“鲁迅纪念委员会”的名义，在中国共产党的领导和资助下，编辑出版了600万字的《鲁迅全集》。

抗日战争时期，许广平在上海参加抗日救亡运动。抗日战争胜利后，她担任上海联谊会主席，参加民主运动，曾任《民主》周刊编辑。1948年10月，许广平在中共地下党组织的安排下，经香港秘密转入解放区。

1949年9月，许广平出席了中国人民政治协商会议第一届全体会议，当选为全国政协委员。新中国成立后，她任中央人民政府政务院副秘书长。第一届全国人民代表大会召开以来，她一直担任人大常委会委员。她还担任全国妇联副主席、民主促进会副主席等职。1960年10月，许广平加入了中国共产党。

闺秀派代表作家凌叔华

凌叔华（1900. 3. 25～1990. 5. 22），原名瑞棠，笔名叔华、瑞唐、瑞棠、SUHOA、素心。祖籍广东番禺，生于北京。1920年，她毕业于直隶第一女子师范学校，是近代闺秀派代表作家和文人画家。

凌叔华的父亲凌福彭，是清朝幕府高官，授一品顶戴。他精于辞章，酷爱绘画，曾与齐白石、姚茫父、陈半丁等著名画家组织“北京画会”，家里常有文人出进。家庭环境，给凌叔华以文学艺术陶冶。她拜著名女艺术家、慈禧太后宠爱的画师

凌叔华

缪素筠为师，还受到时称文化艺术界一代怪杰辜鸿铭的教育，打下了古典诗词和英文的基础。后来，父亲把她们姐妹送到日本学习两年，她的学业大有长进。

从日本回到天津，凌叔华因找不到合适学校继续读书，便请直隶第一女子师范学校毕业的老师辅导，准备参加插班考试。经过近半年补习，她通过了直隶第一女子师范学校三年级考试，于1918年秋插班到第10学级学习。她与邓颖超、张若茗、蒋云、梁岫尘等成为同班同学。1919年五四运动爆发，她回忆说："我们女师的所有学生都热情洋溢地参加了这场运动，以能为国家分忧感到骄傲。"凌叔华的中文是班里最好的，写作才华像第一枝出水的芙蓉，文采超众，引人注目，作文常在校刊上发表，因此她被选为女师学生会的秘书。在学生上街游行和演讲时，凌叔华负责写计划、标语和演讲词，并为许广平、蒋云主编的《醒世周刊》撰稿。那时，凌叔华所尊敬的师长和学长是张先生和郭隆真等。据梁岫尘回忆，当时任课张氏老师只有张珍楼。因此，他便是凌叔华提到的张先生。凌叔华说，张先生"是当时我所认识的最爱国的人士之一，憎恨日本人，讨厌西洋货。……学生运动在天津持续了两年，张先生经常帮助学生会，为他的学生制定了参加许多活动的计划”。张珍楼后被日本人杀害。凌叔华与郭隆真曾一起讨论读《庄子》与五四运动的关系。她们认为，读《庄子》与参加五四运动不矛盾，并为中国有庄子这样的哲学家而感到自豪。凌叔华很敬佩郭隆真大姐，说：“她对班里岁数小的同学，像待妹妹一样亲切和蔼。……郭隆真非常爱国，是那时的思想先驱之一，随时准备拯救中国，牺牲自己。”

1925 年初，凌叔华的成名小说《酒后》在陈源（西滢）主办的《现代评论》上发表，奠定了她的文坛地位。不久，小说《绣枕》又在该刊发表，引起广泛注意。1926 年 6 月，凌叔华毕业于燕京大学后，曾任北京故宫博物院审查书画专门委员。1927 年，她与陈源结婚。1928 年，她在日本研究日本书画。1929 年起，她任职于武汉大学。1935 年，她应邀为《武汉日报》创办《现代文艺》副刊。1946 年后，她定居欧洲。1956 年后，她在新加坡南洋大学、加拿大等地，讲授中国近现代文学和中国书画艺术，后定居英国。凌叔华的文学作品主要有：短篇小说集《花之寺》《女人》《小哥儿俩》，散文集《爱山卢梦影》，自传体小说《古韵》，等等。她的创作，长于对女性的描写，善于表现心理，亦真亦幻的情感时在心中流淌，时又随风飘逸，给读者以酣迷；语言清新隽秀、温婉细腻、妩媚浪漫，独具“闺秀派”之风。她的绘画，起步早于文学，也很有成就，曾多次在国外举办个人画展。

鲁迅在《〈中国新文学大系〉小说二集序》中说：“凌叔华的小说，却发祥于这一种期刊的（指《现代评论》——编著者注），她恰和冯沅君的大胆、敢言不同，大抵很谨慎的，适可而止的描写了旧家庭中的婉顺的女性。即使间有出轨之作，那是为了偶受着文酒之风的吹拂，终于也回复了她的故道了。这是好的，——使我们看见和冯沅君，黎锦明，川岛，汪静之所描写的绝不相同的人物，也就是世态的一角，高门巨族的精魂。”鲁迅的话，给凌叔华以不可仿照的闺秀派作家之誉，“高门巨族的精魂”也成为她独享的荣耀。“出轨之作”是指她的小说《酒后》，写一个年轻的妻子，酒后要求丈夫同意她去吻一下酒醉的男客。对此，鲁迅似有微词，却又做了微妙评判。

中西文化合璧的使者周仲铮

周仲铮（1908～1996），原名周莲荃，安徽秋浦（今东至）人，出生于清末名门望族的书香世家。她在青少年时期就读于天津直隶第一女子师范学校和南开大学。1924年，她就读于法国巴黎政治大学，毕业后获博士学位。1940年，她定居德国，是著名爱国侨胞、德国著名华侨作家和画家，为中德文化交流做出重要贡献。

在五四新文化运动的影响下，15岁的周仲铮有了心灵的觉醒。她不甘心“闺门秀”的生活，决心冲出封建家庭的包围，像男人一样到外面上学，闯出一片天地，做一个对社会有用的人。她曾这样回忆那个时代：“为了能进学校，不得不在我和我的双亲之间进行一场冲突。”在天津《新民意报》主编李峙山（即李毅韬，直隶女师附小教师、觉悟社负责人）等人的帮助下，她抗拒父母之命，巧设机关，离家出走，到达北京，在京面见了李大钊、胡适等著名学者。她的离家出走，引起轰动。《新民意报》就此展开讨论。后在《新民意报》主编马千里、李峙山和进步舆论的支持下，她“终于同双亲达成了协议，平安回家，并获准上学”。经过考试，她走进了天津直隶第一女子师范学校的校门。她在学校的国文成绩很好，讲演能力也很强，并为学校图书馆捐款等，均受到赞赏；但也因不满学校纪律的约束，而不安分。女子师范学校离达仁小学不远。《新民意报》主编马千里兼任达仁小学校长，李峙山、邓颖超等在该校任教。周仲铮利用午间或放学回家时间与他们取得联系，跟随李峙山等逐户访问，宣传民主爱国、妇女解放思想并参加妇女运动集会等。那时她自称是“妇女运动者”。

1940 年 6 月 12 日，周仲铮与德国汉学家克本在荷兰莱顿结婚，同年回到德国柏林。他们过了 5 年战时地下室生活，可谓九死一生。从 1951 年起，她开始美术创作和文学创作，成为名噪海内外的画家和作家。她创作了《小舟》《金花奴》等 6 部著作，其中的《小舟》为自传体小说，出版后很快成为德国的畅销书并被翻译成英、法、意、荷、中等国文字。她多次在欧洲各大城市画廊和博物馆举办个人画展，其中于 1961 年 6 月在巴黎举办个人画展时，著名国画大师张大千和寓居巴黎的女画家潘玉良前来观展。1972 年，联邦德国与中国实现邦交正常化，周仲铮与丈夫克本经常到中国驻联邦德国大使馆参加活动。1984 年，大使馆新馆落成，她同旅居德国的华侨一起，捐赠一架大钢琴，由北京订购了两具石狮置于使馆大门两旁，意为华侨守护着大使馆，保卫着亲爱的祖国。1978 年，她同丈夫克本首次回国，受到邓颖超的亲切接见。1982 年 9 月，她在天津艺术博物馆举办个人画展。展后，她把自己的300幅画作赠送给天津艺术博物馆，并在天津艺术学院设立了周仲铮奖学金。1993年，她在德国获得波恩市文学奖，并把100幅画作运到北京炎黄艺术馆收藏。克本先生是一位热爱中国的外国专家。他辛苦一生，每月拿出2000马克购买中国大陆需求的外文图书，寄赠给北京图书馆，捐赠已有上万册。邓颖超曾对周仲铮说："你的先生是爱中国的，为中德文化做了贡献。"

1993年，周仲铮85岁寿辰。中国驻德国大使馆设宴祝贺并赠诗一首——"'五四'小舟破重浪，天南地北经风霜，高风亮节赤子心，铮铮傲骨人人敬"，以表达对她的敬仰。

荣获世界华文作家协会终身成就奖的罗兰

台湾著名女作家罗兰，原名靳佩芬，1919年生于天津宁河县一个书香之家。她19岁毕业于天津的河北省立女子师范学院（简称"女师"）师范部，即到塞上（今天津汉沽）当小学教员。学校"爱的教育"和乡下淳朴、善良的民俗、民风，给她以心灵启迪，为她走上文学创作之路做了基础铺垫。

罗兰

罗兰与母校河北省立女子师范学院有不解之缘。她毕业于女师的师范部；离开塞上小学又到女师附属小学做音乐教师；抗日战争胜利后，再次回母校女师专攻音乐。她对母校有深深的敬意和爱戴之情。她曾回忆说："当时我们的校训是'勤朴、奋勉、和婉、敬信'。它不是一个空洞的训条，也没有人成天用这几个字来标榜或训诫我们，但是，在那安静的校园里长大的孩子们自然就感染了这不变的校风。由这一点，我深深领悟到'陶冶'二字的意义。教育的力量在于一种精神上的潜移默化，而不在口号训条的大声疾呼。我原是个浮动、急躁、喜欢游乐的孩子，但在六年的住读生活之后，我却自问已懂得了'勤朴、奋勉、和婉、敬信'的意义。现在想来，却觉得这是理所当然的事，师范学校所要造就的是师资，如果连它自己本身都没有使人变化气质的力量，那么它也就不会是所成功的师范学校了。""他们（教职工）不但忠于职守，而且个个温文尔雅，从容不迫"，就是在学生"因犯校规而得到的处罚之中，却总带着难忘的'人情'，或者这'人情'就是'爱的教育'中的那个'爱'字吧，这真是最好的教育"。母校的教育给罗兰纯洁心灵以很深的感染，并使她终身受益。

1946 年，罗兰离开母校，应聘到天津广播电台担任音乐节目主持人。1948 年，她只身到台湾创业，1948 ~ 1958 年应聘在"中广"担任音乐节目主持人。1959 ~ 1991 年，她在"警广"担任音乐节目主持人。她主持的音乐欣赏与人生观教育相结合，利用音乐载体探讨人生哲理，对听众特别是年轻听众进行人生启迪和引导。节目干练、真实，又贴近听众的欣赏口味，很受听众尤其是青年听众的喜爱。罗兰能够把自己的音乐栏目做大做强而经久不衰，其切入点是"想给人们以必要的抚慰、支持和帮助，使他们感到温暖、愉悦，感到爱与关怀”。1963 年，应广大听众的要求，罗兰将这些播放内容，整理、集结成册，陆续出版了《罗兰小语》。这些书很快风靡台湾，罗兰也就成了青年人崇拜的偶像。1988 年，罗兰和她的作品首次向大陆读者推荐，引起极大的社会反响，大陆也迅速掀起罗兰热。

罗兰是一个多产作家，也是负责任的作家。她已有几十部作品面世，除 5 集《罗兰小语》外，还有《罗兰散文》7 集，长、短篇小说多集，以及其他体裁的作品。罗兰的作品深受中国优秀文化传统的影响，有着深厚的文化底蕴。她以中国式哲理和睿智，深入观察社会、家庭和人性，给广大读者捧上了人文关怀的文学大餐。广大海内外读者给予她极大的尊重与爱戴，是因为她时时涌动的思绪，为读者筑就了理想和现实的心灵窗口。她荣获世界华文作家协会终身成就奖，在台湾荣获中山文艺奖、金钟奖、社会教育奖，当之无愧。

引领台湾散文运动趋向的张秀亚

张秀亚

张秀亚（1919.9～2001.6），女，河北沧县人。1925 年，全家迁居天津。1932～1937 年，她在河北省立女子师范学院（简称“女师”）师中部读中学，经常在学校出版的《女师季刊》上发表作品。1935 年，她开始在天津《大公报·文艺》《益世报·文学周刊》《国文周报》上发表文学作品。她的第一首诗作《夜归》，被收入诗集《秋池畔》。1936年，萧乾主编的《大公报·文艺》将张秀亚作为文学新人推出，引起社会关注。

这位早慧的才女走上文学道路，初受家庭熏陶。儿时，她就能学着母亲编织故事，并对儿童文学作品产生很大兴趣。随着年龄增长，她对文学渐入痴迷。在女师读书时，她阅览了学校图书馆大部分文学书籍。冰心、卢隐等女性文学名流的作品使她心灵震撼，辛克莱、高尔基等文学大师的作品使她从“酣迷、梦幻”中回归现实。她用女性目光透视并聚焦社会和生活，奠定了较坚实的文学根基。另外，华北平原广袤的大地、秀丽如画的自然风光、炊烟袅袅的乡村，给她无穷尽的艺术感染。正是抓住文学门扇上这两把把手，她豁然打开文学大门，早早走进文学殿堂，尝试用自己的笔定位属于自己的文学风景。

1937年从女师毕业时，张秀亚在老师鼓励下出版了第一部散文短篇小说集《大龙河畔》，收入了她于1935～1936年发表的15篇作品。她在《自序》中谦和地说：“这集子中，缺少美丽的线条，繁富的色彩。篇章中既不曾组织一个理想，字句也缺乏炫目的光泽。”然而，她对社会的观察和理解，已是高起点、高站位，显示着文学思想早熟迹象。她笔下的人物有“一个被时间侵蚀去力和热的老年人”公二伯、倍受歧视和虐待的失明残疾小姑娘、为反抗压迫而组织罢工的年轻工人等。作品描绘了畸形社会下的辛酸悲壮、为争夺生存和公平的呐喊与无奈、在愚昧笼罩下的人性扭曲和凄惨荒凉下的城乡景色等，似一幅20世纪30年代市井文化生活图画。张秀亚在谈到创作经验时说："唯有那扬起一只手臂，向人海最深处，向广阔的人群中，提取作品中的人物，抽绎出大众的共通的情感，才是与时代休戚相关的作品。"这一体验从《大龙河畔》这部集子启程，一直走向张秀亚创作的巅峰和终端。

1937 年，她考入北平辅仁大学，毕业后留校任教。1948 年到台湾，继续从事文学创作。1958 年在台湾静宜英专任教授。1965 年在辅仁大学任教授，长达 17 年。张秀亚创作丰饶，涉猎诗歌、散文、小说、译著等，其中散文尤重。她的散文继承五四运动时期散文风韵，作品妩媚凄婉、含蓄内敛，情感温柔、清纯、细腻、舒缓，意境深邃、飘逸，移情入景，绘声绘色，表达了人与自然和谐辉映。张秀亚作为台湾老一代女性散文作家，引领着台湾散文运动趋向。其作品曾获台湾首届中山文艺奖、首届文艺金奖等，是实至名归、当之无愧的。

从 20 世纪 30 年代到 80 年代，张秀亚以文开基，经营缔造，用"陈蓝"笔名写散文，用"亚蓝"笔名写小说，用本名写诗歌，用"心井"笔名写其他文章。在半个世纪里，她从不缺席每一段时空，辛勤描绘着富有个性的文学风景。她去世后，台湾出版了《张秀亚全集》，其中诗歌一卷，散文八卷，小说二卷，译著二卷，艺术史二卷。这些闪光而跳动的字符，一定会永远留在广大读者记忆中。

走上第 11 届奥运会赛场的张文广、温敬铭、傅淑云、刘玉华

张文广（1915 ~ ）、温敬铭（1905 ~ 1985）、傅淑云（1915 ~ 2004）、刘玉华（1916 ~ 2008）是南京中央国术馆的学员，毕业后留馆任教。1936 年，他们作为学生，被选拔为中国武术表演队的成员，在德国柏林举行的第 11 届奥运会上进行武术表演。南京中央国术馆于 1927 年由武术名家张之江创立。1933 年，他又创立了附属于国术馆的体育专科学校（简称国体）。1937 年后，国术馆停止招生，国体继续办学。1949 年初，国体并入河北师范大学体育学院前身——河北省立女子师范学院体育系，成为河北师范大学体育学院两支血脉之一。

为了把中国武术推向世界，时任南京中央国术馆馆长的张之江提议，选拔组织一支武术表演队，参加 1936 年 8 月在德国柏林举行的第 11 届奥运会并进行武术表演。这一倡议得到第 11 届奥运会中国体育代表团团长王正廷的首肯。在第 11 届奥运会之前，由张之江等在上海申园选拔来自全国各地的武林高手。经过大比武，选拔出张文广、温敬铭、郑怀贤、寇运兴、金石生、张尔鼎等 6 名男运动员和傅淑云、刘玉华、翟涟源等 3 名女运动员，组成 9 人中国武术表演队。

中国体育代表团于 1936 年 7 月 23 日到达柏林。在 8 月 1 日奥运会开幕之前，中国武术表演队先在汉堡、柏林、法兰克福、慕尼黑等城市进行巡回表演，所到之处，受到观众的热烈欢迎。张文广和温敬铭表演的空手夺枪，傅淑云和刘玉华表演的双人徒手对拳，以及他们表演的双刀、查拳、绵拳等，声、形、劲、神俱到，招式利落，跌、打、摔、拿称奇，神韵横溢。观众喝彩不断，表演者经常多次谢幕。

中国武术表演队在第 11 届奥运会上的正式表演，是在一个可容纳 2 万人的露天剧场举行，表演时间仅 20 分钟。中国武术

1936 年张文广（右）、温敬铭在表演大刀进枪

表演队表演了单刀进枪、空手夺枪等经典项目。真刀真枪真功夫，让外国人看得如醉如痴、目瞪口呆。他们以高超的技艺，远播中国武术文化，让观众尽情领略中国功夫的神秘与魅力。

第 11 届奥运会上，虽然中国体育代表团在正式比赛中颗粒未收，被外国人耻笑为抬着“鸭蛋”回家的体育代表团，但武术表演确为国人争得面子和荣誉。在奥运会开幕前进行巡回表演时，中国武术在德国就获好评如潮。当时的柏林市市长对中国武术表演队心有疑虑，就前去观看奥运会上的正式表演。表演结束后，柏林市市长竖起大拇指说道：“真是了不起，中国竟有如此般的民间体育。”市长专门为中国武术表演队举行了隆重的招待宴会。中国的武术表演也受到德国主流新闻媒体的称赞。《德意志报》等报刊写道：“中国国术具有攻防价值，体育价值，艺术价值三大特色。”更有舆论称：“中国国术具有艺术，舞蹈，奋斗三大特色，反映了中华民族悠久历史文化及尚武精神。”

（左起）傅淑云、翟连元、刘玉华在参加第 11 届奥运会时的合影

1936 年，在张之江的倡议和带领下，中国武术冲出国门，走向世界。张文广、温敬铭、傅淑云、刘玉华等，也成为河北师范大学校友中最早参加奥运会的在校学生。

新中国成立后，张文广先后任河北师范学院（天津）教授，北京体育大学教授、系主任，中国武术协会副主席。温敬铭任武汉体育学院教授，中国武术协会副主席。傅淑云定居台湾，终身未嫁，是中国第四代八卦太极拳的代表性人物。刘玉华任武汉体育学院教授，有“双刀刘玉华”之誉。

激情充沛的学者型作家王蒙

王蒙，河北南皮人，1934 年 10 月 15 日生于北京，中国当代作家、学者，著有《青春万岁》《活动变人形》等近百部小说。其作品反映了中国人民在前进道路上的坎坷历程。他乐观向上、激情充沛，成为当代文坛上创作最为丰硕、始终保持创作活力的作家之一。他曾担任文化部部长、党组书记，中国作家协会副主席；历任中共第十二届、十三届中央委员，第八、九、十届全国政协常委。2010 年 11 月 15 日，他荣登“2010 第五届中国作家富豪榜”，成为各界关注焦点。他为河北北京高级中学（简称“河北高中”或“冀高”，河北师范大学在北京的前身学校之一）1951 届毕业生。

1948 年，王蒙和秦学儒（新中国成立后任北京市延庆农业局党组副书记）相约考入“冀高”。当时的高中是各自单独招生。初中毕业时，王蒙和秦学儒一同报考了四中和“冀高”，两校都顺利考上，但最终还是相约一致选择了“冀高”。王蒙自己的解释是，“我与秦学儒决定取‘冀高’而舍四中。原因之一就是‘冀高’有革命传统”。从五四运动开始，“冀高”的革命活动就一直非常活跃。在“一二·九”运动时，“冀高”就是京冀中学生参加抗日救亡运动的活动中心，出了一位很有名的学生运动领袖人物荣高棠。1948 年 4 月 17 日，冀高学生自治会成立，举行晚会，晚会上表演了小歌剧《兄妹开荒》。特务组织当场闹起来，逮捕了进步学生 17 人，酿成轰动一时的“四一七”事件。这些都对王蒙选择“冀高”产生了吸引力。

受新思想、新文化的熏陶，王蒙少年时代就倾心于革命。在初中读书时，他就陆续读了艾思奇的《社会发展史纲》、毛泽东的《新民主主义论》、黄炎培的《延安归来》和介绍延安

王蒙（右）与何平（左）、秦学儒就读于“冀高”期间合影

情况的报刊，以及《钢铁是怎样炼成的》《我是劳动人民的儿子》《虹》《妻》等许多苏联小说。尤其是《钢铁是怎样炼成的》，被认为是“青年人革命的圣经”，保尔·柯察金那句名言“人最宝贵的是生命，……”马上成为王蒙的座右铭。由于表现好，王蒙很快就被中共地下党组织确定为“进步关系”，先后与他联系的有李新、何平，到“冀高”以后是刘枫。

由于“四一七”事件的影响，河北高中的进步力量受到打击，急需新生力量的补充。进入河北高中一个月之后，王蒙和他的同学秦学儒就由刘枫介绍加入了中国共产党。那是1948年10月10日，王蒙与秦学儒被刘枫招到离河北高中不远的什刹海岸边。他们两人都表示，对刘枫介绍他们入党的事已经慎重考虑过，坚决要做共产党员，把一生献给伟大的共产主义事业。刘枫宣布即日起吸收他们为中共党员。秦学儒的候补期为一年；而王蒙因为岁数小，候补期要到年满 18 岁为止。那时，王蒙还是一位刚刚 14 岁的少年（他是跳级考入初中的）。刘枫指示他们，由于形势险恶，要特别注意保存实力，严防暴露；要细致工作，扩大党的思想影响，秘密发展党的外围组织。在刘枫的领导下，王蒙、秦学儒，还有另一名同学徐宝伦三名候补党员组成了一个支部，由徐宝伦任支部书记。

按照共产党保存自己、积蓄力量、扩大影响的方针，王蒙等人积极开展工作，使学校党的地下活动再趋活跃。他们通过对日常事务的讨论，通过组织读书活动、补习活动、改善伙食管理活动、看电影活动、文娱活动等，以各种方式讲解党的纲领和革命的取向，宣传解放战争的大好形势，扩大党的思想影响和组织力量。王蒙虽然年纪小，但工作富有成效。王蒙曾回忆说："我已经相当熟练。不论是谈论一本书，是谈论宿舍的物质条件，是谈论伙食还是谈论一部电影，我都能往一个思想上引：中国需要革命。不久，根据扩大组织迎接解放的要求，我发展了好几个盟员。"

随着辽沈战役结束，解放军大举入关，包围平津。学校的国民党党部和三青团区队贴出通知，企图组织"自救先锋队"，号召学生参加"平津保卫战"。中统特务组织社团"暮鼓社"也张贴布告，言辞凄厉，扬言要消灭"匪谍"。王蒙他们暗中组织了"晨钟社"，并贴出针锋相对的文字予以回击。

1949 年初的冬天格外寒冷。寒假来临，为了迎接解放，王蒙等人都没有回家，挨饿受冻坚守在学校，"住在冰窖般的宿舍，夜里太冷，甚至把桌椅板凳也压在被褥上……饭菜到了难以下咽的程度，没有一点油水，只是白水煮萝卜，煮白菜，吃起来相当苦……”但“冀高”地下党员和进步学生的内心却热流翻滚，王蒙称之为“冬天里的春天”，充满了火热的革命激情。

北平和战未定之时，受地下党指派，王蒙、秦学儒、徐宝伦等几次到鼓楼地段秘密侦察，以便为解放军物色一个指挥部。他们佯称是学习参观，说服看门人进入，把鼓楼内部的情况完全掌握清楚，并向上级做了详细汇报。此外，他们支部又接到保卫城市、防止破坏的指示，具体任务是保卫地安门到鼓楼一带的市民生命和财产安全。王蒙他们又一次冒险实地勘察，绘图标记，做好了袖标、旗帜和横幅，组织了学生队伍，一有情况出现，立即拉出，保民护城，维持秩序。

北平和平解放在即，学校地下党又领受了散发解放军北平军管会和解放军四野部队文告的任务。当时，部分顽固的敌特分子仍然活动猖獗。王蒙等人不顾安危，先是把传单发放到熟识的亲友、教师家，然后沿着胡同里的大门一家一户散发。发完上级的传单，他们又以学联的名义书写张贴自创的标语，内容是学生们能够想到的所有“革命目标”：不但有“打到南京去活捉某某某”，而且有“打到香港去”，“打到美国去”，“打到英国去”……还有针对性更直接的——“现在是晨钟的时代，让暮鼓见鬼去吧”。

解放军先遣部队入城路经地安门一带时，“冀高”的师生扎红旗、制彩旗、写标语、发传单，扭起欢快的秧歌，敲响欢庆的锣鼓，欢迎自己的队伍。学生们向围观的市民发表“街头演讲”。王蒙讲什么叫解放：原来人民被捆绑着，现在，共产党把人民身上的绳索解开了；原来人民被反动派监禁着，现在我们放出来了，这就是解放！一片鼓掌欢呼之声。

1949 年 10 月 1 日，“冀高”全体师生员工参加了开国大典。王蒙和大家一起集体步行到天安门广场，站在离国旗不远的地方，亲耳聆听了毛泽东主席那句震撼世界的宣告：“中国人民从此站起来了!”他以注目礼敬送第一面五星红旗冉冉升入晴空，见证了这一庄严神圣的历史时刻。

对于学校的学习生活，王蒙回忆说：“当时学习上的最大特点是主动，学习热情高，每学期、每周甚至每天都有学习计划。”在“冀高”的学习、历练和革命的洗礼，为王蒙成为当代著名作家、学者奠定了坚实基础。

四　继往开来 再谱新篇

走过113年风雨历程，河北师范大学已成为一所具有百年历史和光荣传统的省部共建的省属重点大学。

以“百年学府、现代书院”为设计理念、占地1829亩规划设计83万平方米的新校区，已于2011年暑期整体启用。这不仅结束了1996年以来分区办学的历史，为文、理交融创造了条件，而且实现教室资源、实验室资源、设备资源、师资资源、课程资源等全部共享。学校的办学条件、师生的工作学习条件得到极大改善，为学校的发展提供了良好的硬件支撑。目前，学校拥有馆藏图书340.64万册；在职教职工2818名，其中专任教师1593人。在职教职工中，正高职人员414人，副高职人员999人，其中中国科学院院士1人，教育部新世纪优秀人才支持计划10人，省级及以上各类优秀专家106人，博士研究生导师147人，学术型硕士研究生导师703人，硕士专业学位研究生导师470人；设有21个专业学院、1个独立学院（汇华学院），有博士一级学科8个、硕士一级学科26个，国家重点学科 1 个、博士后科研流动站 8 个；本科专业 103 个，全日制在校本、专科生 21838 人，研究生 4109 人，成人教育学生 13202 人。

一百多年的办学历史，使这所学校拥有良好的办学传统和办学声誉。面对新的发展机遇，秉承“怀天下，求真知”校训精神，河北师范大学在致力于建设具有鲜明教师教育特色的高水平综合性大学的道路上，阔步前行。

1 打造高水平学科

目前，河北师范大学的学科专业已覆盖哲学、经济学、法学、教育学、文学、历史学、理学、工学、管理学、艺术学等十大学科门类，基础学科是学校的优势。让优势更优，是学校一直努力的方向。经过长期积累与建设，河北师大的各基础学科都形成了自身的特色和优势。一些学科的研究方向在国内占有重要位置，具有重要影响，比如自然科学学科中的生物学科、数学学科、物理学科以及地理学科等。

生物学科的各项指标已完全处于国家队行列，学术水平处于国际前沿：有自己培养出来的院士孙大业先生；有国家重点学科（细胞生物学，是在这个领域拥有国家重点学科的唯一地方院校）；有 2 个博士学位授权一级学科（生物学、生态学）；有国家级教学团队、国家特色专业、国家精品课程、国家实验教学中心、教育部重点实验室、博士后科研流动站等。仅生物学科，平均每年承担国家基金项目就达十几项，达到全国重点高校同类学科的水平。目前，学校在细胞生物学、动物学、植物学、生理学、生态学、生化与分子生物学等方向形成明显优势。

数学学科是河北省唯一的数学博士一级学科，设有数学博士后科研流动站，已经形成5个特色研究方向：算子代数与算子理论、智能计算及其应用、动力系统与微分拓扑、组合设计与组合几何、代数组合与代数学史。“燕赵学者”蒋春澜教授、从美国波多黎各大学引进的龚贵华教授，在线性算子结构及算子代数分类方面建树卓著；高亭教授领导的团队在量子计算与秘密通信方面成绩斐然；“组合设计与组合几何”团队自1991年以来连续20年得到国家自然科学基金资助；邓明立教授的代数组合与代数学史，开展学科交叉研究，开辟了新的研究领域。目前，数学学科主持国家基金项目16项，在全国同类院校中名列前茅。2010年，该学科的博士论文获得全国“百篇优秀博士论文”称号，成为在该学科获此殊荣的唯一地方院校。

物理学科拥有物理学博士一级学科，设有博士后科研流动站，已形成低维凝聚态理论、中高能核物理与核天体物理、磁性薄膜物理、量子信息与光通信、团簇与分子物理5个特色鲜明的研究方向。以李有成教授、安忠教授为学术带头人的低维凝聚态理论研究，可以为光电器件和纳米技术应用提供理论支持；以张波教授为学术带头人的核天体物理团队，致力于核天体物理及中高能核物理研究；以聂向富、侯登录教授为学术带头人开展的磁性薄膜研究，首次提出了硬磁畴的新分类方法，被国际同行认可和广泛应用，其正在开展的磁记录薄膜、磁性半导体薄膜等研究，可为新型材料的研发提供强大理论支撑；量子信息与光通信研究是融合量子力学、计算机科学、信息科学而开展的交叉性研究，为量子信息与光通信提供了理论和实验基础；团簇与分子物理研究，主要开展新型团簇和纳米管线的结构研究，具有广阔的应用前景。物理学科的研究成果发表在顶级学术期刊 *Science* 上，在省内物理学界首屈一指。

地理学科是地理学博士一级学科，形成了花粉现代过程与环境演变、信息经济地理、土地利用覆被变化与土地评价、生态修复与生物多样性、地理信息可视化与定量遥感5个研究方向。其中，中国北方花粉—植被—气候定量关系研究、信息经济地理研究、河北省土地利用覆被变化与评价研究、基于红柳沙包沉积纹层的干旱区生态环境演化研究、量化地学信息可视化研究，以鲜明的特色在国内同行中具有独特优势。许清海教授领衔的花粉现代过程与环境变化研究在国际学术界有较大影响，是国内该领域的引领者；路紫教授领衔的信息经济地理研究填补了国内空白，是国内该领域的主要开拓者；葛京凤、王卫、钱金平教授领衔，创新地理学理论方法和技术手段，在河北土地资源、海洋资源、生态环境评价与规划、人地关系综合评价等研究领域居省内领军地位。

人文、社会科学学科也都形成了自己的特色和优势，如历史学科、中文学科等。

历史学科目前拥有中国史、考古学两个博士学位授权一级学科（目前在历史学科方面拥有两个一级学科博士点的地方大学仅有6所），设有中国史博士后科研流动站，已走在很多重点大学的前面。以国内著名史学专家沈长云先生为学术带头人的先秦史研究，在史学界独占鳌头；以著名唐宋家庭经济史专家邢铁教授为学术带头人的中国社会经济史研究，在中国史学界具有重要影响；戴建兵教授的银行货币研究在经济史研究中独树一帜；著名史学家董丛林教授的中国近现代政治文化研究在国内学界有重大影响；近代史专家王宏斌教授的晚清海防问题研究已形成体系，得到国内学术界同行的公认。在考古学研究方面，以太行山东麓考古研究为重点的史前与商周考古研究、西夏藏传佛教研究，以及环境考古、华北考古方面的研究独具特色。2011 年统计数据显示，近三年，历史学科教师在《中国社会科学》《历史研究》等权威学术期刊上人均发表论文数量，居全国高校前 10 位，承担国家基金项目数量居全国高校第 4 位。

中文学科拥有中国语言文学博士一级学科，设有博士后科研流动站，在中国古代文学、汉语言文字学、中国现当代文学、文艺学、比较文学与世界文学 5 个方面形成优势。其学科带头人都在国内学界有较大影响，担任重要学术职务。例如，古代文学的学科带头人王长华教授，任中国诗经学会会长、古代文学理论学会副会长。中国古代文学方向在《诗经》研究、元曲研究、河北地域文学研究方面处国内领先地位。汉语言文字学的学术带头人苏宝荣教授，任中国辞书学会副会长、中国训诂学会副会长、《现代汉语词典》编委等。该方向在汉语词汇学与辞书学方面的研究处国内前沿，近代汉语北方音系韵研究、汉字构型研究、河北方言研究等方面也形成特色。中国现当代文学方向的带头人在现代汉诗研究、当代著名作家研究、河北现当代文学研究方面取得了一系列重要成果，在业界占有重要学术地位。

其他学科也都形成了自己的优势，如政治学科的马克思主义中国化研究，外语学科的英美文学，心理学科的认知心理学，教育学科的教育理论，化学学科的无机纳米材料的控制合成与机理、计算量子化学，体育学科的运动生理学，等等。音乐、美术等艺术学科，法律、经济、管理、新闻、职业技术等应用学科也呈现出良好的发展态势。

学科的发展，离不开学术队伍建设。河北师大坚持培养与引进相结合，建设高水平的学术队伍。学校制定了《河北师范大学中长期人才发展规划（2010～2020）》，2011 年以来已引进高层次人才 35 名，接收优秀博士 62 人；每年选派 20～30 名青年教师到国内重点院校或海外进修。学校先后培养出中科院院士 1 人，享受国务院特殊津贴专家 51 名，国家百千万人才工程 1 人，河北省有突出贡献专家 38 人，河北省“三三三人才工程”一、二层次人选 9 人，河北省青年拔尖人才 6 人。学校建成河北省首批高层次创新创业人才开发“巨人计划”支持的高层次创新团队 1 个。教师队伍中，拥有高级职称的占 63.5%（正高占 23.7%），45 岁以下中青年教师占 56%。各学科均建设了学缘结构、年龄结构趋于合理的学术梯队。正是因为学科方向的不断凝练、学术队伍建设的不断加强，河北师大学科建设的层次得到快速提升，学位授权点数量实现快速增长。

2 开展高水平研究

高水平大学应出高水平研究成果。河北师范大学开展的高水平研究主要体现在高水平项目、高水平成果和高层次奖励上。

在高水平项目研究方面。自2008年以来，全校共承担国家基金项目238项，争取外科研经费2.6亿元，特别是承担了一批包括国家973项目、863项目、国家科技攻关项目、国家社科基金重大招标项目、国家农业部转基因生物新品种培育科技重大专项，以及国家清史纂修工程、中宣部马克思主义理论研究和建设工程等在内的重大项目。在全省高校获得第一个国家科学基金重点项目、第一个国家杰出青年科学基金、第一个科学基金重大研究计划、第一个科学基金海外及港澳青年学者合作项目（“杰青B”）。2013年7月，由李建强教授担任首席专家的教育部人文社会科学重点研究基地——“河北师范大学中国共产党革命精神与文化资源研究中心”挂牌成立，填补了河北省部部（教育部、中共中央党史研究室）共建重点研究基地的空白。2014年1月，由孙大业院士牵头的“生物适应环境的细胞信号调节机制”协同创新中心、蒋春澜教授牵头的“数字教育”协同创新中心，成为河北省首批高等学校创新能力提升计划“2011计划”协同创新中心。

在高水平成果方面。经过长期努力，河北师大取得了一批在国际上具有重要影响的学术成果。例如，生物学科的“植物钙调素的功能及其信号转导机理”研究，提出了一系列原创性学术观点；有关“植物油菜素内酯信号转导”的研究成果，发表在国际顶尖杂志 *Nature Cell Biology* 上。物理学科在 *Science*、*Physical Review Letters*、*The Astrophysical Journal*、*Physical Review* 等国际权威期刊发表论文 50 余篇。其中，发表在 *Science* 上的研究成果《银河系宇宙线的各向异性和共性旋转》，被誉为宇宙线研究领域“里程碑”式的重要成就；关于“42 个金原子中空的纳米管”研究成果，被 *Nature* 出版集团进行了重点评述。数学学科的研究成果在国际顶尖杂志 *Inventiones Mathematicae* 上发表，被著名的汤姆森路透科技信息集团下的《科学观察》选为数学领域的新兴研究前沿论文，并被专题报道。化学学科仅 2010 年和 2011 年两年就有 11 篇影响因子高于 4 的论文发表，其中多篇论文发表在化学国际权威杂志 *Green Chemistry* 和 *Chem Commun*、*Chemsus Chem*、*Journal of Materials Chemistry* 上。地理学科的自然地理学研究优势突出，其“岱海盆地花粉研究”被美国学界认为是近年中国最翔实的全新世孢粉记录，该成果被 25 种 SCI 期刊 56 篇论文引用。历史学科多篇研究成果发表在《中国社会科学》《历史研究》等重要学术期刊上。汉语言文学、中国古代文学专业的研究成果在国内处于前沿地位，其诗经研究将历史学、文化学的研究方法引进文学研究，形成了诗史互证、文史哲并重的研究特色，出版《诗论与子论》《春秋战国士人与政治》等多部专著，在《文学评论》《文学遗产》发表论文 60 余篇。马克思主义理论学科关注社会实际，取得了一批高质量科研成果，有 30 多篇论文被《新华文摘》、人大复印报刊资料全文转载。

在荣获高层次奖励方面。自2008年以来，河北师大自然科学类研究成果获省级及以上科技奖励31项。其中，孙大业院士的科研团队2010年获国家自然科学二等奖（国家一等奖空缺），是河北省首次获得该奖项，显示了河北省在基础理论研究领域的学术水平和重大创新能力；蒋春澜教授的科研团队2013年获教育部高等学校科学研究优秀成果奖自然科学二等奖。人文社会科学类研究成果获省级及以上奖励86项，其中陈超教授获得第三届鲁迅文学奖；王学奇教授获得第五届国家图书奖辞书类一等奖；王长华教授的《河北文学通史》填补了河北区域文学研究的空白，获得第八届河北省社会科学特别奖；苑书义教授的《河北经济史》填补了河北省区域经济史研究的空白，获得教育部“第四届中国高校人文社会科学研究优秀成果奖”三等奖。

3 推进国际化办学

近年来，河北师范大学坚持“送出去”与“引进来”相结合的方式，拓展教师的国际视野。目前，学校已与31个国家的46个科研院所建立了合作关系，每年通过公派留学、校际交流、出国研修等方式，选送教师出国学习或访问交流，为学科梯队人员开阔视野、紧跟前沿、不断提高科研水平搭建了良好的平台。经过几年的努力，目前全校所有学科带头人、各学科学术骨干，均有国际学术背景；生物学院等学院有国际学术背景的教师达 80%。数学学科近年来从海外引进了 9 名人才，物理学院等单位长期聘任外教担任专业课教学工作。同时，学校还聘请外教对各专业承担骨干课程教学的 35 岁以下年轻教师进行全员培训，推进课程的国际化。学校与美国、日本、韩国等国高校联合培养的博士生、硕士生和本科生规模逐年扩大。

科学研究无国界，特别是对于基础理论研究，学术前沿就是国际前沿。河北师大通过共同承担课题、参与国际合作、联合组建团队、召开国际学术会议等，积极开展国际科研合作和学术交流。生物学科专门设置了国外讲座教授岗位，与耶鲁大学、斯坦福大学等 18 所国外高校和研究机构建立了经常性的合作关系。数学学科建立了国内外一流专家定期来校讲学制度，近年来邀请姜伯驹、文兰、田刚、林群、郝柏林、班内（Banni）等院士及国内外有较大影响力的数学家来校讲学，共计 110 人次，目前与美国、德国、加拿大、日本等国家和我国香港等地区的国际著名高校开展的国际科研项目达 17 项。物理学院有国际合作项目 5 项，其中年轻学者崔树旺与羊八井宇宙线国际合作课题组保持长期合作关系。地理学科与英国、德国、加拿大等国 5 所科研机构长期开展合作研究。近年来，学校先后承担包括“世界数学家大会”在内的国际学术会议近 30 次。这既是对河北师大学术成就的认可，也有效促进了学校的国际学术交流。

河北师范大学还充分发挥语言学科的优势，积极向海外传播中国文化。目前，学校在秘鲁和印尼建有 2 所孔子学院。设在秘鲁帕尔马大学的孔子学院，有效促进了河北师大和秘鲁大学的专业建设。通过这所孔子学院，学校在帕尔马大学建立了南美国家第一个中文翻译专业，在河北省建立了第一个西班牙语专业。2013 年 10 月 25 日，河北师范大学秘鲁研究中心挂牌成立；11 月 28 日，秘鲁里卡多·帕尔马大学汉学研究中心举行了隆重的揭牌仪式。设在印尼玛拉拿达基督教大学的孔子学院，帮助这所学校建立了汉语专业，而且使之从专科层次发展到本科层次。这所孔子学院除对万隆市民开展汉语培训外，还面向当地政府公务员开展汉语培训，成为印尼重要的汉语培训机构。此外，河北师大还累计向美国、加拿大、韩国等国家选派汉语教师志愿者 470 余人次，扩大了中国文化在世界的影响。

4 提供科技文化服务

发挥学科优势，为区域创新做贡献，是大学义不容辞的责任。河北师大充分发挥高水平基础理论研究对高水平应用研究的支撑作用，积极服务河北省产业转型，为经济建设、文化建设和社会发展做贡献。

生物学科培育的具有自主知识产权的强筋小麦“师栾 02－1”通过国家新品种审定，在同等投入情况下，可使农民每亩增收 100 多元，目前推广种植面积达 3203.6 万亩，创经济效益 30 多亿元。该学科利用自主知识产权研制的中华鳖饲料已经规模化生产，目前已在 6 个省区推广，服务养殖企业超千家，新增利税 3.5 亿元。生物多样性研究成果，已被北京、天津、河北等地采用，成为自然保护区发展的重要依据。生物学科与化学学科合作，成功将生化制药等方面的成果转化，应用于石家庄海力化工企业的技术，2008 年实现销售收入 1.2 亿元；应用于河南新天地药业的技术，已实现产值 2.5 亿元。

数学学科开展的“基于 3G 的移动视频自适应技术”研究，利用小波技术，成功解决了移动视频图像传输的高压缩率和接收终端的自适应问题，产品已获国家专利并成功进行市场推广。该研究获得了美国 Nuvid 公司 100 万美元的研发资助，以及科技部火炬中心的资助。研究成果已运用于北戴河旅游、石家庄万象天成等项目。建成的“北戴河旅游数字平台”，使北戴河成为中国首个拥有 360 度全景视频旅游服务系统的景区。开发的“河北省人口和计划生育信息化平台”，在全国率先建立了省级人口宏观管理与决策信息系统、人口多维辅助决策系统，并且研发团队还承担了 1.24 亿元的后续开发项目。数字水印技术已获国家专利。数学学科与历史、美术、旅游等学科合作，利用数字虚拟技术，开展以“正定古城虚拟实现”为切入点的“中国古代府县文化研究与文化遗产的数字化”项目，取得重要阶段性成果，并受到国家社会科学基金委的关注。2012 年 10 月，学校依托数学、计算机、地理等学科，与河北移动公司联合建立了河北省物联网研究院，全面致力于物联网技术的应用开发。2014 年 1 月，学校依托移动物联网研究院建立的河北省数字教育协同创新中心，成为河北省首批

“2011计划”协同创新中心。该中心致力于打造大型数字资源互动学习云平台，其首批创新成果“E-School系列数字教育产品”一经面世就引起各方关注。

物理学科积极开展磁性材料、有机功能材料、光通信材料等新材料的研发工作。物理学科与中国电子科技集团第十三研究所合作，成立了量子器件研究所，在太赫兹电子器件研发领域取得阶段性重要成果，获得解放军总装备部的重点支持；与河北金科冶金研究院联合研发“磁制冷材料”和“新型纳米复合永磁材料”，与众和电子等高新技术企业联合研发软磁性带材；参加了863项目“基于磁性温度感知合金的核电站极端环境下智能保护技术研究”的开发工作并取得显著进展；承担了“羊八井全覆盖式阵列”大型仪器设备的电子技术保障任务；等等。

地理学科积极开展土地规划、评估服务工作，近年来为河北省各级政府争取投资2.3亿元，所开展的土地定级估价、征地综合地价研究为国家增缴契税1.2亿元，为政府增加土地出让金收益16.7亿元。“石家庄市城市地价监测成果”被国土资源部推为全国示范样板。开展的“河北省海洋资源调查与评价”和国务院908专项“我国近海海洋综合调查与评价”研究，全面更新了河北省8类海洋环境条件和11种海洋资源基础数据；其成果经国务院批准实施，成为河北省海域使用管理、海洋资源开发的重要依据。

人文社会学科通过整合资源，组建了燕赵文化研究中心，服务河北省文化强省建设。截至2014年，该中心已经开展项目近60个，在燕赵人文精神、河北民间艺术、文物古迹修复与保护等方面取得了丰硕成果，已出版系列丛书20余部；与河北省档案局合作整理出版的10卷本《长芦盐务档案精选》，是河北省一项重要的文化工程。王长华教授的《河北文学通史》（四卷七册）、苑书义教授的《河北经济史》（五卷本），填补了河北省文学史和经济史的空白。历史文化学院与南宫市政府联合举办“普彤塔寺和姓氏文化学术研讨暨招商引资会”，通过对南宫文化的研究，以及对韩国南宫氏源流的考证，搭建了南宫与韩国交流的文化桥梁，为南宫市政府从韩国一次性成功引资19.3亿元。此外，法政、历史、音乐等学院积极开展对西柏坡精神的多角度研究和全方位宣传，服务省会大西柏坡建设。河北师范大学中国共产党革命精神与文化资源研究中心在西柏坡精神研究方面地位独特，已被列入国家人文社科研究基地建设系列。美术与设计学院在省会主题雕塑、道路景观设计等方面全面开展服务，在提升省会文化品位方面做出了积极贡献。广大教师积极参与社会管理研究，多篇应用对策研究报告获党和国家领导人批示批转。陈晓玉教授的《加强未成年人思想道德建设七项对策》于2006年10月7日得到中共中央政治局常委李长春的重要批示，被《人民日报》10月12日在“要闻”版刊登，并获得河北省社会科学优秀成果奖研究报告类二等奖。陈晓玉教授和程慧副教授的《稳控菜价需改革城市菜市场经营体制》得到回良玉副总理的重要批示，并被中办秘书局《观点摘编》第88期摘录。

5 培养高质量人才

在师范类人才培养方面，河北师范大学以促进学生成长成才为目的，以培养大学生从教技能为主线，以改革人才培养模式、加强实践教学环节为重点，全面启动以顶岗实习支教工程为抓手的教师教育改革工作。自2006年3月启动至今，已完成18期顶岗实习支教工作，共有16个学院20个专业的20900余名学生，到河北省11个地市110多个县的近2700所（次）县以下农村中学开展实习工作。由此探索形成的“3.5+0.5”人才培养模式改革，获得2009年高等教育国家级教学成果二等奖。顶岗实习支教，成为学校师范类毕业生向用人单位展示的第一张“名片”，走在了全国高师院校的前列，得到教育部的充分肯定。2009年，刘延东同志两次做出批示，予以肯定。2010年9月10日，国务院总理的温家宝来到兴隆县六道河中学看望师生，与河北师大顶岗实习生亲切合影。2014年5月28日，温家宝再次来到兴隆县六道河中学，听了顶岗实习生马丽莎同学的一堂地理课，称道：“很好，就这样上！”

作为师范教育高等学府，河北师大对教师教育模式改革的探索矢志不渝。2014年9月，经过八年探索和实践，由李建强教授主持完成的《河北师范大学教师培养模式改革——职前职后一体化》荣获第七届国家级高等教育优秀教学成果二等奖。这项成果主要解决了“面向农村基础教育”的人才培养定位、“实践取向”的人才培养方式、“培养培训一体化”的人才培养模式等教学重大和关键问题，构建了全新的农村教师培养模式，取得了良好的实践应用效果和社会反响。职业教育是河北师大办学的特色之一。由张志增研究员主持完成的《中等职业教育面向农村送教下乡的办学模式改革与实践》荣获第七届国家级职业教育教学成果一等奖，刁哲军教授主持完成的《中等职业教育教学质量评价体系的研究》荣获国家级职业教育教学成果二等奖。9 月 9 日上午，张志增研究员受邀参加庆祝第三十个教师节暨全国教育系统先进集体和先进个人表彰大会，受到党和国家领导人习近平、李克强的亲切接见。

到目前为止，河北师范大学已向社会输送 20 万余名教育工作者。据不完全统计，在全省 107 所重点中学中，河北师大毕业生占教师总数的 75.6%；在全省所有重点中学和中等职业学校中，都有河北师大的毕业生，且大部分是教学骨干。河北师范大学已经成为河北省教育特别是基础教育的坚强柱石！

在办好教师教育的同时，河北师大面向社会需求，积极发展非师范专业。目前在全校 103 个本科专业中，非师范专业有 73 个，占 71%。在非师范专业人才培养方面，学校注重通过与企业联合办学等形式，培养实用人才。比如，软件学院的专业教师主要来自微软、IBM 等公司的一线研究人员，实现了教学与实践的有机结合。按照这一机制培养的学生具有很强的实践和创新能力。软件学院学生研发的

PanPoint 产品在美国正式上线（售价 8.99 美元）；学生开发的电子节拍器、网络 U 盘、唐诗三百首、嫦娥奔月等应用软件已在美国苹果公司销售（月收入 1500 美元左右）。2011 年，软件学院的首届毕业生中，最高年薪达到 10 万元，实习生月薪最高的达到 1 万元。职业技术学院、新闻传播学院、商学院、公共管理学院等学院非师范专业培养的学生也广受社会好评。

在数学学科，蒋春澜教授指导的博士生纪奎，解决了国际著名数学家道格拉斯 30 年前提出的公开问题。其学位论文《全纯曲线的相似分类和 Elliott 不变量》成功入选 2010 年全国百篇优秀博士学位论文，第一次打破了自 1999 年以来全部奖项均由全国重点高校垄断的历史。

近五年来，生物学科在读研究生以第一作者发表论文 382 篇，占该学科发表论文总数的 72%。细胞生物学专业博士生曹颖在学期间的研究成果，发表在植物学国际顶尖杂志 *The Plant Cell* 上，使河北师大理科研究生在读期间发表高水平论文的影响因子提高到 10.0，并入选 2011 年全国百篇优秀博士学位论文提名。

物理学专业 2010 级本科生赵一楠参加了“伽马射线暴 X 射线散射机制”项目的研究，研究论文已在国际天体物理学顶级（Top）期刊 *The Astrophysical Journal* 上正式发表，引起国际学界关注。

根据科学出版社最新出版的《中国研究生教育评价报告 2010 ~ 2011》，河北师大八个招收培养博士生的一级学科均是河北省最好的学科。其中，细胞生物学、中国近现代史、中国古代史、汉语言文字学等学科均位居全国前列。

6 再展宏图伟业

2013 年 12 月 30 日，中共河北师范大学第七次党代会胜利召开。面对党的十八届三中全会开创的全面深化改革的历史机遇与挑战，大会制定了学校发展的奋斗目标：以优化学生培养过程、提升教师教学能力为重点，提高学生培养水平；以壮大研究力量、增强创新能力为重点，提高学科整体水平；以引领基础教育、对接社会需求为重点，提高服务社会水平；以创新管理机制、改进工作作风为重点，提高科学管理水平。到 2020 年，学校在国内同类院校的位置进一步提升，建成教师教育特色更加鲜明、综合性特征更加明显的高水平师范大学。

坚持质量第一、坚持改革创新、坚持人才强校、坚持文化引领，已经成为河北师范大学办人民满意教育、建成高水平大学的基本共识：把提高质量作为各项工作的根本导向，把工作重点放在优化结构、提高水平、提升效益上来，走重内涵、抓质量的发展之路；将改革作为推动发展的根本手段，更加注重改革的系统性、整体性、协同性，让创新的活力充分涌流，让发展的动力竞相迸发；将人才队伍建设放在更加突出重要的战略位置，引进与培养并重，以强有力的举措，形成人才辈出、人尽其才的良好局面；更加重视大学文化建设，继承和发扬

“怀天下、求真知”的师大精神，培育形成有利于教师潜心学术、教书育人，有利于学生成长成才、全面进步，有利于推动学校事业发展的大学文化。

站在新的起点上，建设具有鲜明教师教育特色的高水平综合性大学，已经成为新一代河北师范大学师生共同追求的目标。

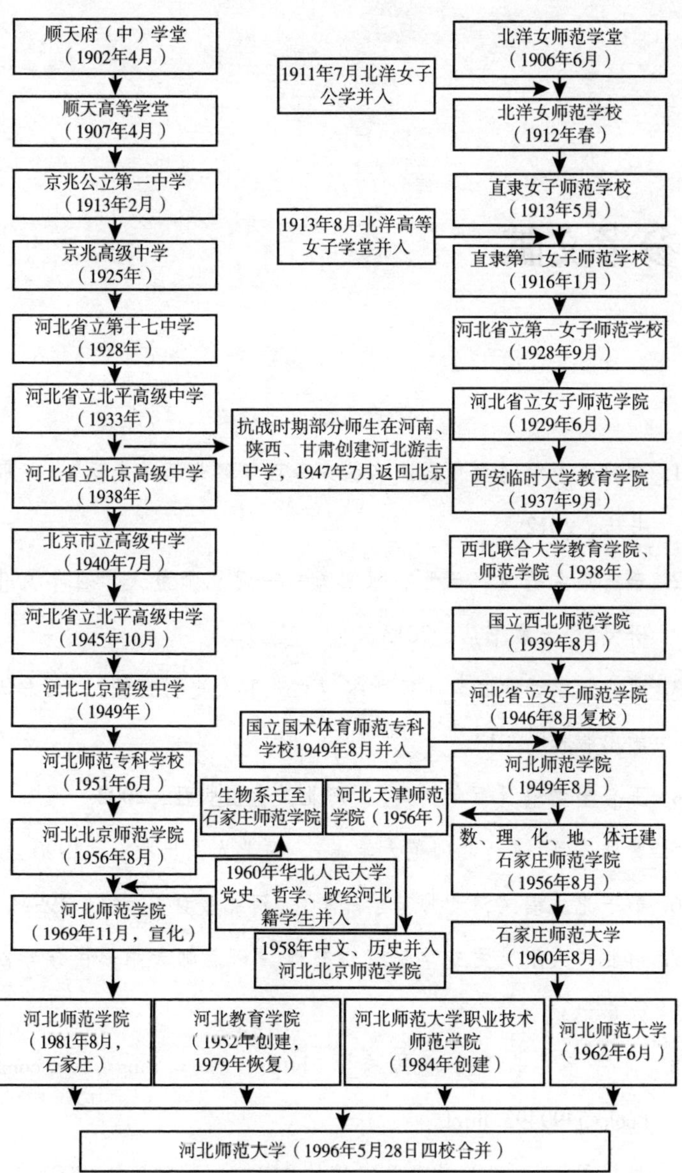

河北师范大学校史沿革表

参考文献

1. 李建强主编《文化名流名脉——百年河北师范大学》，三联书店，2012。
2. 李建强主编《怀天下，求真知——河北师范大学百年文化研究》，三联书店，2013。
3. 西北大学西北联大研究所编《西北联大史料汇编》，西北大学出版社，2012。
4. 王金生主编《百年树人》，河北教育出版社，2002。
5. 曹桂方等：《河北师范大学志》，河北人民出版社，1996。
6. 彭子光主编《河北师范学院志》，河北教育出版社，1994。
7. 河北师大附属民族学院编辑整理《河北师大附属民族学院大事记》。
8. 亚波罗：《邓颖超传奇》，http://www.rongshuxia.com/book/5499493.html。
9. 央视国际：《理论物理学家郝柏林与懒蚂蚁理论》，2003年8月12日，http://www.cctv.com/science/20030812/100147.

shtml。

10. 赵振军:《洋河南往事——河北师范学院笔记》,《河北师大报》专栏连载。

11. 河北师范大学校办编《河北师范大学年鉴》(1996 ~ 2012)。

12. 《河北师范大学百年文化大业》,2010 年编印。

13. 《河北师范大学汇华学院志》,2011 年编印。

后　记

翻开河北师范大学的校史，漫步历史回廊，一部波澜壮阔的画卷跃然眼前。这幅画卷也是中国高等师范教育史的一个缩影，一如中国高等教育的其他著名百年学府，群星荟萃、人才辈出，既同近现代中国人民争取民族解放和进步的斗争史息息相关，也与新中国的日新月异紧密相连。治校先贤们倡经世之学、开风气之先的智慧与勇气，师大学人开启民智、培育英才的使命与担当，师大学子传播文明、追求真理的责任与抱负，无不令每一位参与编写的人员受到一次深刻的校史教育，经历了一次崇高的灵魂洗礼和精神升华。

对河北师范大学校史的梳理与考证，初起于 2002 年百年校庆之际。之后，对河北师大大学精神和大学文化的研究不断深入。《百年树人》《文化名流名脉——百年河北师范大学》《怀天下，求真知——河北师范大学百年文化研究》等一批优秀图书相继出版问世，部分研究成果也在《河北师大报》专栏不断刊载。这些都对河北师范大学校史文化的研究和传播，起到积极的推动作用，也为《河北师范大学史话》成书提供了宝贵的借鉴。参与校史及文化研究的学者、前辈和相关人士，不仅为本书提供了大量的史料，也为本书成稿提出了十分中肯的意见和建议。在此，深表敬意并由衷感谢。

本书由宋书通策划，赵月霞作前言，第一章、第二章由孙鑫煜执笔，第三章、第四章、后记由王运敏执笔。全书由王运敏进行框架设计、统稿、修改，最后由编委会定稿。

感谢《中国史话》丛书编委会将《河北师范大学史话》列入选题计划，感谢社会科学文献出版社为本书出版所付出的辛勤劳动。

因为是史话，书中难免挂一漏万，加之学识浅薄、史料不足，纰漏难免，敬请批评指正。

编著者

2016 年 6 月

图书在版编目（CIP）数据

河北师范大学史话/王运敏，孙鑫煜编著. -- 北京：社会科学文献出版社，2016.7
（中国史话）
ISBN 978-7-5097-7710-7

Ⅰ.①河… Ⅱ.①王… ②孙… Ⅲ.①河北师范大学-校史 Ⅳ.①G659.282.21

中国版本图书馆 CIP 数据核字（2015）第 147226 号

"十二五"国家重点图书出版规划项目

中国史话·文化系列
河北师范大学史话

编　　著／王运敏　孙鑫煜

出 版 人／谢寿光
项目统筹／袁清湘　谢　安　　责任编辑／韩莹莹

出　　版／社会科学文献出版社·史话编辑部（010）59367143
地址：北京市北三环中路甲 29 号院华龙大厦　邮编：100029
网址：www. ssap. com. cn
发　　行／定制出版中心（010）59366509　59366498
市场营销中心（010）59367081　59367018

印　　装／三河市尚艺印装有限公司
规　　格／开 本：889mm×1194mm　1/32
印 张：6　字 数：126 千字
版　　次／2016 年 7 月第 1 版　2016 年 7 月第 1 次印刷
书　　号／ISBN 978-7-5097-7710-7
定　　价／25.00 元